科技报国

新时代中国科学皇冠上的明珠

李琴　刘亮　朱佳琦◎著

长江出版传媒
湖北科学技术出版社

图书在版编目（CIP）数据

科技报国：新时代中国科学皇冠上的明珠 / 李琴，刘亮，朱佳琦著. — 武汉：湖北科学技术出版社，2022.10（2023.7 重印）

ISBN 978-7-5706-2213-9

Ⅰ. ①科… Ⅱ. ①李… ②刘… ③朱… Ⅲ. ①技术革新—研究—中国 Ⅳ. ① F124.3

中国版本图书馆 CIP 数据核字（2022）第 149248 号

策　　划：章雪峰　邓　涛　王小芳
责任编辑：王小芳　魏　珩　赵　静
责任校对：陈横宇
美术编辑：胡　博
插图绘制：张语忻　加　贝

出版发行：湖北科学技术出版社
地　　址：武汉市雄楚大街 268 号出版文化城 B 座 13—14 楼
邮　　编：430070
电　　话：027-87679468
网　　址：www.hbstp.com.cn
印　　刷：湖北新华印务有限公司
邮　　编：430035
开　　本：710 × 1000　　1/16　　16 印张
版　　次：2022 年 10 月第 1 版
印　　次：2023 年 7 月第 6 次印刷
字　　数：229 千字
定　　价：88.00 元

前　言

“科学技术是生产力”，邓小平同志在 1978 年的全国科学大会开幕式上提出这一重要论断，当时其影响不啻振聋发聩。10 年后，邓小平同志在会见捷克斯洛伐克总统胡萨克时进一步提出“科学技术是第一生产力”的重要论断。自此，科技强国成为国策，深入人心，被全社会高度认可，对当代中国的高速发展起到巨大作用。党的十八大以来，习近平总书记高瞻远瞩，面对世界百年未有之大变局，作出“科技创新成为国际战略博弈的主要战场”等重要论断，多次强调要“加快建设科技强国，实现高水平科技自立自强”。

科学发展、科技创新离不开科学家的贡献，“一切创新成果都是人做出来的”。党和国家高度重视创新人才的培养和科学家队伍的建设。在新中国成立后仅 1 个月，即创建了中国科学院，作为我国在科学技术方面的最高学术机构，吹响了“向科学进军”的号角；1994 年，中国工程院成立，迄今为止，中国科学院、中国工程院共产生了近 3000 名院士。作为新中国成立以来科学家的杰出代表，两院院士在各自的研究领域勇攀高峰，为科技、为社会、为国家作出巨大贡献。1999 年，我国颁布了《国家科学技术奖励条例》，开始设立国家最高科学技术奖，每年评选一次，每次授予不超过两名科学家，由国家主席亲自颁发证书，奖励成就卓著、贡献卓越的大师级科学家。从2000年首次评选，至2021年共评出国家最高科学技术奖35人，其中两院院士有34人。他们当中，有的投身基础科学领域研究一辈子矢志不渝；有的医者仁心，传承和弘扬中华悬壶济世优良传统；有的为国家核力量研究隐姓埋名数十年；有的为国铸盾，在国防技术领域取得突破性进展……

党的十八大以来，截至本书付梓，共有15位科学家荣获国家最高科学技术奖，全是耄耋之年，其中已有3位科学家离我们而去，分别是郑哲敏、程开甲、于敏三位院士。这些科学家在登上我国科学技术最高领奖台之前，大多是默默无闻地耕耘在自己的科技或学术领域，沉浸于“一辈子就做一件事”，无悔于“国家需要就是我的选择”，挥洒着才华横溢的青春岁月。他们是科技星空最闪亮的星辰，他们应该被知晓，被仰望，被长久地铭记！

为此，我们策划编著本书，介绍他们的学术成就，书写他们的科技人生，弘扬他们的科学精神，尤其是要彰显他们的科技报国情怀。繁霜尽是心头血，洒向千峰秋叶丹。没有他们矢志报国，勇攀高峰，不断为国家的进步贡献智慧和汗水，就不会有我们今天的盛世繁华。

“科技立则民族立，科技强则国家强。”特别是在百年变局与世纪疫情叠加、世界经济下行与地缘政治冲突交织的当下，科学发展与科技创新显得尤为重要，某种程度上讲，甚至事关国家命脉、民族兴亡。《孙子兵法》云:“无恃其不攻，恃吾有所不可攻也。”科技强国，其意义更甚于此，不仅让人有所忌惮，不敢来攻，更是以高水平的科技自立自强，构建开放创新生态，深度参与全球科技治理，贡献中国智慧，让中国科技为推动构建人类命运共同体作出更大贡献。

目 录

Contents

基础研究篇

JICHU YANJIU PIAN

广大工程科技工作者既要有工匠精神，又要有团结精神，围绕国家重大战略需求，瞄准经济建设和事关国家安全的重大工程科技问题，紧贴新时代社会民生现实需求和军民融合需求，加快自主创新成果转化应用，在前瞻性、战略性领域打好主动仗。

——2018 年 5 月 28 日，习近平总书记在中国科学院第十九次院士大会、中国工程院第十四次院士大会上的讲话

“悟空号”卫星用火眼金睛“看清”宇宙线氦核能谱、国家重大科技基础设施高海拔宇宙线观测站“拉索”（LHAASO）在银河系内发现迄今最高能量光子、中国“人造太阳”EAST 核聚变实验装置创亿度百秒世界纪录……2021 年，我国基础研究领域捷报频传。

将时间尺度拉长，党的十八大以来，我国基础研究同样亮点频出，在量子通信、超导研究、光量子计算机、中微子振荡、干细胞、合成生物学、结构生物学、纳米催化、极地研究等领域取得一大批重大原创成果，并首次荣获诺贝尔生理学或医学奖、马蒂亚斯奖、国际量子通信奖等国际权威奖项，在该领域的国际影响力大幅跃升。

“夯实科技基础，在重要科技领域跻身世界领先行列。”

习近平总书记多次对加强基础研究作出重要指示批示，强调基础研究是整个科学体系的源头，是所有技术问题的总机关；是科技自立自强的必然要求，是我们从未知到已知、从不确定性到确定性的必然选择。这为加强基础研究指明了战略方向，提供了根本遵循。

党的十八大以来，我国把基础研究和底层技术研发作为科技创新的关键突破口，成功组织了一批重大基础研究任务。从“蛟龙号”突破 7000 米深潜纪录，“深海勇士号”探索深海奥秘，到“奋斗者号”挑战万米海底；从“北斗三号”全球卫星导航系统建成开通，到“嫦娥五号”实现我国首次月球采样返回；从“怀柔一号”引力波暴高能电磁对应体全天监测器卫星成功发射，到“天问一号”开启火星探测；从世界首颗量子科学实验卫星“墨子号”顺利升空，到“慧眼”卫星直接测量到迄今宇宙最强磁场。我国瞄准关键“卡脖子”核心技术，在若干战略领域实现“后发先至”。

与此同时，为了更好地聚焦基础研究，我国还部署建设了一批国家重大科技基础设施。在贵州，被誉为“中国天眼”的全球最大的 500 米口径球面射电望远镜（FAST）向全球天文学家开放，谛听来自宇宙最深处的声音；

在合肥，中国“人造太阳”实现1.2亿℃ 101秒等离子体运行，为核聚变发电奠定了坚实基础；在广东，中国散裂中子源大气中子辐照谱仪成功出束，填补我国在该领域的空白。数据显示，截至2022年3月，我国已布局建设57个重大科技基础设施，未来还将建设一批高水平基础设施。基础研究的投入也在持续增长，从2012年的498亿元增长到2021年的1696亿元，占全社会研发投入的比例已经达到6.09%。

事实证明，要实现高水平科技自立自强，基础研究是根本前提。只有在基础前沿领域奋勇争先，才能在原始创新上取得新突破。作为科技创新的源头，基础研究的根扎得越深，科技创新之树就越枝繁叶茂。

2012年3月8日，中国科学院高能物理研究所的报告大厅里，所长王贻芳宣布，大亚湾反应堆中微子实验成功发现了中微子的第三种振荡模式，大厅里掌声雷动。当天，诺贝尔物理学奖获得者李政道发来邮件：“这是物理学上具有重要基础意义的一项重大成就。”《科学》杂志将该成果评为“2012年十大科学突破之一”，并称“如果大型强子对撞机的研究人员没有发现标准模型之外的新粒子，那么中微子物理可能是粒子物理的未来，大亚湾的实验结果可能就是标志着这一领域起飞的时刻”。

2013年3月15日，《科学》杂志在线发文，宣布薛其坤院士领衔的团队在实验中首次观测到量子反常霍尔效应，在美国物理学家霍尔于1880年发现反常霍尔效应的133年后终于实现了反常霍尔效应的量子化。这一物理效应，从理论研究到实验观测的全过程，均由我国科学家独立完成。杨振宁院士评价说：“量子反常霍尔效应是从中国实验室里第一次做出了诺贝尔奖级别的物理学成绩，不仅是科学界的喜事，也是整个国家的喜事。”该成果最终荣获2018年度国家自然科学奖中唯一的一等奖。

在现代化学工业中，大多数产品生产都与催化过程息息相关，但长久以来，催化过程被视为科研领域的“黑匣子”，很少有人知道这个过程中究竟发生了什么。中国科学院大连化学物理研究所包信和院士带领团队，在催化基础研究和应用领域耕耘20余载，提出了“纳米限域催化”等新概念，揭示了这个“黑匣子”的奥秘。这一成果从2016年发表至今，已在催化选择氧化和高效加氢等多个重要催化体系中得到验证，引起了国内外同行的高度关注和重视，成为催化领域中的一个重要概念，并斩获2020年度国家自然科学奖一等奖。

2020年12月4日，中国科学技术大学潘建伟、陆朝阳等组成的研究团队，与中国科学院上海微系统与信息技术研究所、国家并行计算机工程技术研究中心合作，构建了76个光子的量子计算原型机“九章”。计算玻色取样问题，“九章”处理5000万个样本只需200秒，而当时世界最快的超级计算机需要6亿年。这一成果牢固确立了我国在国际量子计算研究中的第一方阵地位，为未来实现可解决具有重大实用价值问题的规模化量子模拟机奠定了技术基础。

…………

随着中国在基础研究领域由“追赶”逐渐变为“并跑”甚至“领跑”，我国已进入创新型国家行列，正向建成世界科技强国稳步迈进。世界知识产权组织发布的全球创新指数显示，我国排名从2012年的第34位跃升至2021年的第12位，提高了22个位次。

“我们必须走出适合国情的创新路子，特别是要把原始创新能力提升摆在更加突出的位置，努力实现更多‘从0到1’的突破。”实现“从0到1”的突破，是从基础研究迈向科技创新、实现科技成果转化为现实生产力的巨大飞跃，离不开广大科技工作者“板凳坐得十年冷”的坚持。

从国家自然科学集体一等奖、国家自然科学一等奖，到国家最高科学技术奖，2017年1月，再次站到国家科学技术奖励大会领奖台上的赵忠贤院士，摘得了我国科学技术奖励的最高奖，成为首位“40后”的国家最高科学技术奖获得者。从 1989 年开始，每一次引领他走向中国科学之巅的，都是一个同样的关键词“超导”；而他对待自己的科研和工作，几十年如一日，也同样只有一个关键词“超导”。“我这一辈子只做一件事，就是探索超导体、开展超导机理研究。”赵忠贤说。

在赵忠贤起步之初，中国超导研究比国外晚了 50 年。通过几代科学家的不懈努力，中国在超导研究领域目前稳居世界一流水平。中国科学院院士王玉鹏说：“象征着最高荣誉的国家最高科学技术奖授予赵忠贤，是对我国基础物理研究和科研人员的巨大鼓舞，表明国家期待着受赵忠贤影响的几代青年科学家能在前人基础上更进一步，在未来第三次高温超导突破中做出新成就，为祖国科技发展事业贡献力量。”

解决重大原创的科学问题，突破制约发展的关键核心技术，更需要广大科技工作者以自立自强的勇气，面向世界科技前沿，勇攀科技高峰，勇闯科技创新“无人区”，打赢关键核心技术攻坚战。

有“诗人院士”之称的曾庆存曾经写过一首诗以自励：“温室栽培二十年，雄心初立志驱前。男儿若个真英俊，攀上珠峰踏北边。”在他看来，科学大道是不平坦的，只有勇敢坚毅，才能攀上顶峰。

曾庆存见证了中国天气预报事业从无到有，从能预报到准确预报，再到服务全球的发展历程。作为我国数值天气预报奠基人之一，曾庆存首创半隐式差分法，为现代大气科学和气象事业的两大标志——数值天气预报和气象卫星遥感作出了开创性贡献，该方法也是世界上首个用原始方程直接进行实际天气预报的方法，一直沿用至今。2016 年，曾庆存获得世界气象组织最高奖——国际气象组织奖；2020 年，获得 2019 年度国家最高科学技术奖。

另一位国家最高科学技术奖获得者张存浩则被誉为“中国化学激光之父”。从事科学研究 60 多年，涉足多个前沿科技领域，张存浩取得了多项达到国际先进甚至领先水平的科研成果。中国科学院院士何国钟评价这位老同事："越是新的、难的前沿研究，就越不惧怕，这是他的性格，也是他所说的在科研上'不入虎穴，焉得虎子'。"

"中国基础研究的目标既要符合当前中国人口众多、资源匮乏的国情，又要适应今后大约半个世纪之内中国要逐步发展成为世界强国的需要。"作为我国基础研究的卓越领导者，张存浩提出了基础研究要瞄准国家目标的战略，"科技工作者围绕国民经济和社会发展中重大深层次问题，瞄准科技前沿，在国家需求和科学前沿的结合上开展基础研究。"

"基础研究的能力决定了一个国家科技创新能力的底蕴和后劲。"在一次国务院新闻发布会上，科技部部长王志刚表示。最近几年，为科技创新"深蹲助跑"，我国不断强化基础研究顶层设计和系统布局，一批关于加强基础研究的政策文件和落实举措陆续出台。

2018年，国务院出台了《关于全面加强基础科学研究的若干意见》，对新时代加强基础研究、提升原始创新能力作出全面部署。2020年3月，科技部、国家发展和改革委员会、教育部、中国科学院、自然科学基金委联合印发《加强"从0到1"基础研究工作方案》，多方面鼓励和支持科学家啃硬骨头，挑战最前沿的科学问题，促进一批"从0到1"的原创性成果涌现；同年底召开的中央经济工作会议上则提出要抓紧制定《基础研究十年行动方案》。2022年的政府工作报告再次明确指出："实施基础研究十年规划，加强长期稳定支持，提高基础研究经费占全社会研发经费比重。"从中可以看出，我国已经把增强基础研究能力提升到了前所未有的高度，将进入基础研究10年攻坚的新阶段，要久久为功，持续不断坚持下去。

科技立则民族立，科技强则国家强。面向未来，基础研究要勇于探索、突出原创，推进对宇宙演化、意识本质、物质结构、生命起源等的探索和发现，拓展认识自然的边界，开辟新的认知疆域。基础研究更要应用牵引、突破瓶颈，从经济社会发展和国家安全面临的实际问题中凝练科学问题，弄通“卡脖子”技术的基础理论和技术原理。要加大基础研究财政投入力度、优化支出结构，对企业基础研究投入实行税收优惠，鼓励社会以捐赠和建立基金等方式多渠道投入，形成持续稳定的投入机制。

郑哲敏：

科研攻坚，贵在『爬坡出汗』

郑哲敏，我国著名力学家、爆炸力学专家。1924 年 10 月生于山东省济南市，1947 年于清华大学获学士学位，1948—1952 年在美国加州理工学院机械工程系学习，先后获得硕士、博士学位。新中国成立之初，他毫不犹豫地选择回国参加建设工作。

郑哲敏早年从事热应力、振动与水弹性力学、地震工程力学方面的研究，擅长运用力学理论解决工程实际问题。郑哲敏阐明了爆炸成形的机理和模型律，解决了火箭重要部件的加工难题，发展了一门新的力学分支学科——爆炸力学。他长期主持力学学科发展规划的制定，倡导建立了多个新的力学分支学科。

1980 年，郑哲敏被选为中国科学院学部委员，也就是现在的中国科学院院士；1993 年被美国国家工程院授予外籍院士，成为获得这一荣誉的第三个中国人；1994 年当选中国工程院院士。先后获得中国科学院科技进步奖一等奖、国家科学技术进步奖二等奖、陈嘉庚科学奖之技术科学奖等多项殊荣，并于 2013 年 1 月获 2012 年度国家最高科学技术奖。

郑哲敏院士

2021年9月2日上午9时，北京，八宝山殡仪馆。人们在低回的哀乐中，送别我国爆炸力学的奠基人和开拓者，中国科学院院士、中国工程院院士，国家最高科学技术奖获得者郑哲敏先生。

讣告中这样总结郑哲敏的学术贡献："他提出了流体弹塑性模型，促进形成完备的爆炸力学学科体系，被广泛应用于地下核爆炸、穿甲破甲及钻地核爆弹等重要国防应用。他建立了爆炸力学的基本研究方法，为武器设计与武器效应评估提供了力学基础。他开辟了爆炸成形、爆炸筑堤等关键技术领域，解决重大工程建设的核心难题。"

"祖国需要什么，我们就做什么。"——这是半个多世纪前，郑哲敏从美国加州理工学院毕业回国时，恩师钱学森对他的叮嘱，也成为他人生的主线。他说："我从过去走到现在，并没有什么清晰的路线。但有一点是确定的，那就是富国强民的愿望。"

先后师从钱伟长和钱学森

常有人问郑哲敏："为什么从美国回来？"郑哲敏的回答是："这不是个问题，没有想过不回来，这是长在骨子里的东西。"

在郑哲敏的一生中，父亲郑章斐是第一个对他影响至深的人。

郑章斐出生于浙江宁波农村，家境贫寒，儿时以放牛为生，念书不多。15岁时，郑章斐到上海打拼，从学徒做起，最终成为著名钟表品牌"亨得利"的合伙人，分号遍布全国多地，还说得一口流利的英文。

郑哲敏于1924年出生在山东济南，是家中次子。在他的记忆中，父亲不抽烟、不喝酒，正直良善，崇尚文化，重视子女教育，朋友也多是医生或大学教授。正是在父亲的影响下，郑哲敏与家中兄妹都一生刚正不阿，一心向学。

1937年，郑章斐到成都，在春熙路开了家钟表店。第二年春节过后，郑哲敏来到成都。尽管是大后方，日本的飞机仍不时来轰炸。有一次，老师问郑哲敏以后想干什么，他答："一个是当飞行员打日本人，一个是当工程师工业救国。"

1943年，郑哲敏考入抗日烽火中的国立西南联合大学。之所以选择这所大学，是因为哥哥郑维敏（自动控制及系统工程专家，创办了清华大学工业自动化专业和系统工程专业）前一年考上了这所大学。

"他是我崇拜的偶像，他学什么我学什么。到了第二年，我哥哥说：'咱们兄弟俩别学一样的，分开学吧。'所以我就改选了，从电机系改到了机械系。"郑哲敏说。

1946年，抗战胜利后，组成国立西南联合大学的北京大学、清华大学、南开大学迁回原址，郑哲敏所在的工学院回到北京清华园。在这里，他遇到了第二个对他影响深远的人——著名物理学家钱伟长。彼时，钱伟长刚刚从美国归来，在清华大学教授近代力学，郑哲敏成了他的第一批学生之一。"钱先生的课很吸引我们，他是我的启蒙老师。"郑哲敏说。在钱伟长的影响下，郑哲敏的研究方向转向力学，毕业后留校为钱伟长当了1年助教。

多年后，郑哲敏回忆钱伟长对他的重大影响：一是使他从此确定了研究力学的道路；二是钱伟长重视数学和物理等基础学科；三是钱伟长是当时有名的"进步教授"，积极参与爱国学生运动，还常跟学生讲对美国社会的认识，认为美国"虽有很多科学创造，但都不能为人民所用"。

1948年，经过清华大学、北京市、华北地区及全国等四级选拔，同时在清华大学校长梅贻琦，教授钱伟长、李辑祥等人的推荐下，郑哲敏在众多竞争者中脱颖而出，成为全国唯一的"国际扶轮社国际奖学金"获得者，前往美国加州理工学院留学，钱伟长正是从这所学校走出来的。

在推荐信中，钱伟长写道："郑哲敏是几个班里我最好的学生之一。他不仅天资聪颖、思路开阔、富于创新，而且工作努力，尽职尽责。他已接受了工程科学领域的实际和理论训练。给他几年更高层次的深造，他将成为应用科学领域的出色科学工作者。"

在美国加州理工学院，郑哲敏用1年时间获得硕士学位后，跟随年长他

13 岁的钱学森攻读博士学位，成为钱学森在加州理工学院指导培养的最后一位中国研究生。

郑哲敏说，他受钱学森所代表的近代应用力学学派影响很深：着眼重大的实际问题，强调严格推理、表述清晰、创新理论，进而开辟新的技术和工业。这也成为郑哲敏后来一生坚持的研究方向和治学风格。

1955 年 2 月，31 岁的郑哲敏回到百废待兴的祖国。离开美国的前一天晚上，恩师钱学森请他到家中吃饭，钱学森说："回国后，国家需要你干什么，你就干什么。不一定是尖端的，哪怕是测量管道水的流动也可以做。"

同年 10 月，钱学森也回国了，并于第二年创建了中国科学院力学研究所，郑哲敏成为该所首批科研人员之一。

常有人问郑哲敏："为什么从美国回来？"郑哲敏的回答是："这不是个问题，没有想过不回来，这是长在骨子里的东西。在美国虽然物质生活很好，但是总感觉像浮萍，没有根地漂浮。"

为祖国做实实在在的事

有人这么评价郑哲敏："他从来都是以国家重大的、急迫的需求为选题方向，做'雪中送炭''爬坡出汗'的工作。"

郑哲敏被人们称为"驯服"炸药的人。

时间回到 1960 年一个秋天的下午，在中国科学院力学研究所的篮球场上，郑哲敏主持了一个小型爆炸成形实验：硝烟散去后，一块 5 厘米长、5 厘米宽、几毫米厚的铁板被单发雷管炸成一个小碗的形状。

在欢呼声中，时任力学研究所所长的钱学森激动地拿着这个小碗绕场一周，边走边说："你们不要小看这个小碗，我们将来卫星上天就靠它了。"

这是我国首次在精确计算炸药爆炸时能量释放的方向和力度的情况下，

1947 年冬，郑哲敏（左一）与同届留校的电机系助教等人在宿舍外合影

1981 年，郑哲敏（右二）与科技人员讨论工作

2012 年 3 月，郑哲敏在中国科学院力学研究所办公室接受媒体采访

成功将一块金属平板炸成事先预期的形状。这种对炸药的精确掌控，用在制作导弹和火箭的喷管中，就是爆炸成形技术。

而郑哲敏费尽功夫研究这种技术的目的，正是为了解决我国刚刚起步的航天事业面临的大难题——由于加工工艺落后，很多形状特殊的火箭、火箭关键零件无法制造出来。

一个全新的力学分支学科以此为开端，钱学森将其命名为“爆炸力学”，郑哲敏成为带头人。

如同研究从未涉及的爆炸力学一样，根据不同时期的国家需求，郑哲敏一直在调整着自己的研究方向。

1964 年，在大量实验和计算分析的基础上，郑哲敏独立地与国外同行同时提出了一种新的力学模型——流体弹塑性模型，为新中国首次地下核试验的爆炸当量预报作出了重要贡献。

地下核爆炸成功后，有科学家评价郑哲敏的方程式说“计算与实测波形惊人地相似”。流体弹塑性模型也成为爆炸力学学科的标志，至今仍是教科书中的经典理论。

20 世纪 70 年代初，珍宝岛事件之后，为改变我国常规武器落后的状况，郑哲敏开始组织力量研究穿破甲规律，通过准确计算，能够让武器在精确的规定距离里打透相应厚度的装甲，提高了我军装甲的抵抗能力。

“他是一位工程科学家，”在郑哲敏的学生、中国科学院白以龙院士看来，老师在科研工作中非常强调实用，“他没有停留在理论研究，没有固步在发表论文，而是开拓了非常广泛的应用。”

除了在国防建设上广泛应用之外，郑哲敏让爆炸在国民经济建设上也发挥了巨大的作用。许多设备需要焊接铜板和钢板，由于熔点不同，焊接工人束手无策，郑哲敏领导研究爆炸焊接，使不同材质的金属板成功接合；针对我国历年发生的大型煤矿事故，他从力学角度分析资料，组织实验和井下观察，为判断煤矿瓦斯突出危险性提供基础理论；获知我国修筑海底堤坝时淤泥无法排除的难题时，他带领研究团队做了无数次用炸药排除淤泥的实验，最终创造出爆炸排淤填实法、爆炸夯实法、爆炸挤淤泥法等水下软基处理方法……

在中国科学院力学研究所的研究员们看来，郑哲敏的科研思路一直遵循着这样原则：以国家需求为导向，从工程问题中凝练出科学问题；再应用基础理论，探索工程基本规律；然后通过解决关键科学问题，形成工程理论；将理论应用于工程实践并检验，进而引领技术的发展。

“他从来都是以国家重大的、急迫的需求为选题方向，做‘雪中送炭’‘爬坡出汗’的工作。”白以龙院士说。

为了更好地推动整个爆炸力学学科在中国的发展，加强中国力学界与国外交流，1988 年，郑哲敏开始为申办在国际上极具影响力的世界力学家大会奔波。2008 年，84 岁的他带着氧气瓶登上飞机，继续为这一目标努力。“直到 2012 年，4 年一度的世界力学家大会才在北京如期召开，这让郑老师感到欣慰。”中国科学院力学研究所副所长杨亚政说。

“我的想法很简单，就想为国家做一些实实在在的事情。”郑哲敏说。

沉下心，想大事，想长远的事

晚年的郑哲敏，专门给青年科研人员写了一份《留给后人的话》，其中一句是这样写的：“要沉下心来，要看得远一点，不要为一时的得失计较太多，要耐得住寂寞。”

“他们教了我很多科研精神、研究方法和做人的原则，让我终身受益。”郑哲敏一直对他的大学老师钱伟长和博士生导师钱学森心存感激。

在桃李满天下后，郑哲敏同样将培养优秀人才作为己任。“我很庆幸自己在成长的道路上遇到了很多好的老师，他们对我一生都起到了极其重要的影响。我希望自己对学生也能这样。”郑哲敏说。

白以龙院士清晰地记得，自己到中国科学院力学研究所报到的第一天，郑哲敏就语重心长地和他说："你一定要干'出汗'的活，不要想不出汗就出活。那种活是没意义的。"这句话让白以龙院士受用至今。

郑哲敏是这么说的，也是这么做的。20世纪70年代，他经常和学生去怀柔基地做实验，每次都要坐上半天的敞篷卡车，年轻人都觉得颠得很难受，可年过半百的他从来不叫苦。在外面做实验住宿条件差，跟年轻人一起睡上下铺，他知道自己爱打呼噜，就一直坐着看书，有时看业务方面的书，太累了就看《聊斋》，等到大家都睡着了以后自己才睡，而第二天一大早，他还要和别人同时起床干活。

白以龙院士回忆，在郑哲敏的爆炸实验室里，做实验是一件辛苦的事情。"像抬钢板之类的杂活，郑先生也都跟着干。就这么看现象、看数据，最后他看出新问题了。"白以龙院士感慨，"他确实就是'出汗'，他也确实就做出了跟别人不一样的东西，能够发现新现象、提出新概念、建立新方法、解决新问题。"

李世海是中国科学院力学所的研究员，1984年开始跟郑哲敏做博士论文。他说，郑先生不但指导了他的科研，同时对他的人生选择也起了很大的作用。"有时候我参加社会活动多，他就会严肃地批评我，告诫我要潜心做研究，做科研要少点社会活动，少点商业气息。"

来自恩师的批评敦促着李世海潜下心来做学问，一步步从助理研究员到研究员再到博士生导师。他感慨："郑先生不看重钱，他取得的很多科研成果投入经费都很少，甚至没有经费。"

"现在年轻人压力大，不能沉下心想远一点的事情。"郑哲敏解释说，"搞科研更多的时候很苦、很枯燥，要经得起寂寞。科研人员不会发财的，只要给他一个体面的生活，他们一定会好好干。而现在很多科学家天天算的就是工资多少、绩效多少，每天操这个心，像无头苍蝇一样，这就不可能想大事、想长远的事，也必然影响他们的科研生活和做科研的决心。"

《科技日报》记者在采访郑哲敏后，对他的办公室印象深刻：里面摆放着各种各样的椅子，竹藤的、木头的、软皮的。原来，力学研究所的人遇到学术困惑，都会拿把椅子，敲开门，与他探讨问题。聊着聊着，最后就把椅子忘在了他的办公室。

力学研究所研究员戴兰宏回忆，郑先生在一次和青年学生的座谈会上就曾说过，有些研究人员，经常把办公室的门关上，这样不好。他本人就常把办公室的门打开，便于交流。“一个人思想要开阔，就要与同行多交流。观点是在启发碰撞中形成的。”郑哲敏说。

晚年的郑哲敏专门给青年科研人员写了一份材料，取名《留给后人的话》，他写道：

“要沉下心来，要看得远一点，不要为一时的得失计较太多，要耐得住寂寞。

“不要把自己当天才，我只是一个普通人，往往比许多人要更花力气，叫作以勤补拙。

“在一个科研问题面前，最要紧的是先要把问题搞清楚。核心是解决这个问题的主要矛盾。这往往需要做不同的尝试，经历多次失败，所以需要耐心和坚持。有一天，你会觉得突然贯通了。这是做科研最幸福的时刻。”

郑哲敏先生只是“外出”了

郑哲敏生前说，现在是科学家做研究最好的时代，国家提倡创新驱动发展，提倡科技强国，这个时候，科学研究更应该脚踏实地。

2013年1月18日，作为中国爆炸力学的“泰斗”，郑哲敏在人民大会堂被授予国家最高科学技术奖。彼时他89岁。距离力学研究所篮球场上的那场小型爆炸成形实验，已经过去了53年。

颁奖礼举办的前一天，郑哲敏像平时一样，一大早就拎着包来力学研究所上班了。他的学生、力学研究所前所长洪友士研究员带着歉意向他解释：“明天因为要开会，不能去看郑先生领奖了。”

郑哲敏摆了摆手说：“这有什么？不就是颁奖嘛。”

对于获奖，郑哲敏在接受记者采访时表示：“怎么说呢，没有意料到，能获奖很高兴，这是党和国家以及力学界对我的认可。我也有些忐忑不安，做了这么几件事，没有与他人合作是不可能完成的。我应该做得更多，现在觉得欠了点什么东西，心情有点复杂。”

当记者问他：“下一步有什么打算？”他的答案一如既往：“我已是风烛残年，还是想做一些自己愿意做的事情。”

中国科学院自然科学史研究所副研究员张志会曾撰文回忆，在郑先生2013年获得国家最高科学技术奖后，她先后多次访谈过郑先生：“他心态年轻，目光清澈，笑容爽朗，把对学科发展与国家社会的深刻见解娓娓道来。”

力学研究所原副所长李和娣做过郑哲敏的助手，她回忆，郑哲敏90多岁高龄的时候，还是很早起床，步行到自己的办公室，和力学研究所的年轻人聊一聊。他告诉他们，现在是科学家做研究最好的时代，国家提倡创新驱动发展，提倡科技强国，这个时候，科学研究更应该脚踏实地。

有一年，郑哲敏身体不好，被送到医院后，被诊为情况不妙，剩下的时日不多。当时同事和学生去医院探望，令他们惊讶的是，郑哲敏特别平静，挂着吊瓶在病房里与大家照常研讨学术大事，为学生修改论文。幸运的是，最后复检，发现身体并无大恙，只是虚惊一场。

2016年，为奖励郑哲敏的杰出成就，经中国科学院国家天文台提议和国际天文学联合会批准，将中国科学院国家天文台施密特CCD小行星项目组发现并获得12935号国际永久编号的小行星命名为“郑哲敏星”。

2019年，郑哲敏身体状况每况愈下，常常进出医院。即使后来长期住院了，他也常叫人来汇报工作。

2021年8月25日，郑哲敏因病医治无效在北京逝世，享年97岁。

当天，中国科学院官方微博一条“郑哲敏先生‘外出’了”的消息令无数网友潸然泪下。微博配图是一位网友此前在郑老办公室门口所拍摄的照片，郑老当时不在办公室，门口标注“外出”字样。

有网友说，郑先生只是“外出”了，他给中国人留下的爆炸力学还在。

郑哲敏

谈

科学家
精　神

——科研人员不会发财的，只要给他一个体面的生活，他们一定会好好干。不要刺激他们，用各种名利吊他们的胃口。而现在很多科学家天天算的就是工资多少、绩效多少，每天操这个心，像无头苍蝇一样，这就不可能想大事、想长远的事，也必然影响他们的科研生活和做科研的决心。

——工程师、科学家要言之有物，否则浪费时间。SCI很重要，也有局限性，大家都觉得引用多的文章热门，但也许最有创造力的人们和文章还没有被大家认识到。所以不要迷信SCI。

——搞基础科学，贵在持之以恒。关键是给宽松的政策，老老实实干。

——大师贵在实践。吹不出大师。大师有自己的想法和理念，他们需要成长的过程，我们现在多少有点拔苗助长。

——科研需要耐心。现在，一些人急于求成，沉不下心来坐冷板凳，这样做出的也最多是中等成果，很难有出色的、有重大影响的成果。有的人急于要实效，不重视基础理论研究，最终会极大地制约整体科技的发展。

——科研有突破的那一刻很快乐，但是更多的时候很苦、很枯燥，在一遍又一遍的错误中寻求突破，在反反复复的试验中总结创新。

张存浩：中国化学激光之父的3次『转行』

张存浩，我国著名物理化学家，我国高能化学激光的奠基人、分子反应动力学的奠基人之一。1928年2月出生于天津市，1947年毕业于国立中央大学化工系，1948年留学美国，1950年获美国密歇根大学硕士学位后回国。历任中国科学院大连化学物理研究所所长、国家自然科学基金委员会主任、中国科学院学部主席团成员及化学部主任、中国科协副主席、国务院学位委员会委员、国际纯粹与应用化学联合会执行局成员等职。

20世纪70年代，张存浩开创了中国高能化学激光的研究领域，主持研制出中国第一台氟化氢、氟化氘激光器，整体性能指标达到当时世界先进水平。20世纪80年代以来，他开拓和引领中国短波长高能化学激光的研究和探索。1983年，他与合作者开展脉冲氧碘化学激光器研究；1985年，在国际上首次研制出放电引发脉冲氧碘化学激光器，效率及性能处于世界领先地位；1992年，研制出中国第一台连续波氧碘化学激光器，整体性能处于国际先进水平。

张存浩1980年当选中国科学院化学部学部委员（院士），1992年当选第三世界科学院院士。2014年1月获2013年度国家最高科学技术奖。2016年国家天文台将编号为“19282”的小行星命名为“张存浩星”。

张存浩院士

2014年1月10日，86岁的中国科学院院士、中国科学院大连化学物理研究所研究员张存浩赢得了他一生最重要的荣誉——

在人民大会堂的颁奖台上，习近平总书记微笑着把国家最高科学技术奖的获奖证书交到了张存浩的手中，台下掌声雷动。

“我将以发现和培养人才为己任，激励青年人青胜于蓝，秀出班行。”张存浩在随后的获奖感言中说。

作为我国著名物理化学家、化学激光的奠基人和中国分子反应动力学的奠基人之一，在过去的半个多世纪的岁月中，他积极创造和提供有利于创新的科研环境，促进团队中一批中青年骨干和学生成长为具有国际影响的科学家。

战火中深埋报国之心

“傅先生和我谈了祖国的灿烂文化，谈到了振兴中华，谈到了青年一代的责任，教导我一定要学好祖国的文化，让我感动得泪流满面，对我的一生都产生了深远影响。”时隔多年，张存浩还清楚地记得福建长汀的那一束灯光。

张存浩于1928年出生在天津。他的家世堪称传奇，祖父是清朝最后一位两广总督，伯父、父亲都曾留洋海外。伯父在哈佛大学学市政，是著名的市政建设专家；姑姑张锦23岁在美国获化学博士学位，是我国较早的有机化学女博士；姑父傅鹰是我国著名物理化学家和化学教育家，是中国胶体科学的主要奠基人；叔叔张镈是著名建筑师，人民大会堂的设计者。

1937年，日军占领天津，随后在天津推行奴化教育，强迫学生学日语，使用日本当局规定的教材。为了抵制奴化教育，母亲忍痛将当时只有9岁的张存浩送到在重庆大学执教的姑父、姑母处继续学业。

在重庆的生活比较艰苦。在张存浩的记忆里，总是穿着一身灰黑色粗布长衫的傅鹰夫妇,居住在一间只有 10 余平方米的小屋里。小屋里放着从教室里搬来的小课桌，夫妇俩人各据一方，将全身精力投入到科学研究中。

1939 年起，傅鹰夫妇又先后到设在福建长汀的厦门大学任教。张存浩也随同来到福建长汀，在这里度过了难忘的青少年时代。一天晚上，三人在同一盏油灯下看书，张存浩在看英文，傅鹰问他:“你为什么不多花点时间在中国文字上？”之后，傅鹰告诉他，中国文学和文字有很深厚的基础，不能只注意外国的，一定要把中文放在前面，放在第一位。

“傅先生和我谈了祖国的灿烂文化，谈到了振兴中华，谈到了青年一代的责任，教导我一定要学好祖国的文化，让我感动得泪流满面，对我的一生都产生了深远影响。”时隔多年，张存浩还清楚地记得福建长汀的这一束灯光。

1943 年，张存浩考入厦门大学化学系，次年，转入位于重庆的国立中央大学化工系继续学业。为什么只在厦门大学读了 1 年？有报道称，当时厦门大学校长萨本栋很看重傅鹰的学识和为人，在病中推荐他接任校长职务，但国民党当局却诱迫他参加国民党。傅鹰说:“如果当校长一定要加入国民党，那我宁可不当校长。”这么一来，傅鹰无法在厦门大学立足，只好折回重庆大学，张存浩也就到了重庆。

重庆 5 年，长汀 4 年，张存浩跟随傅鹰夫妇的脚步，伴着炮火声和爆炸的轰鸣声辗转求学。年幼的他曾几度直面生死，“天上轰炸机投下炸弹，地道里的人就那样活活被闷死”。国事飘零,让张存浩在心中埋下了发愤图强、科技报国的种子。

1947 年，张存浩在南开大学化工系攻读研究生。次年，20 岁的张存浩踏出国门，赴美留学。他先入爱荷华州大学化学系，后转入密歇根大学化工系攻读研究生。

1950 年 8 月，张存浩获密歇根大学化学工程硕士学位。按照计划，他本应继续攻读博士学位。但此时，朝鲜战争已经爆发，张存浩敏锐地觉察到了中美关系的走势:“一打开报纸，头版头条的位置赫然把我们称作‘FOE’，就是敌人的意思。”

局势紧张如此，报国心切的他做了第一件人生中叛逆的大事：违背姑父、姑母让他在美读完博士的意愿，自作主张提前回国。同年 10 月，他离开旧金山，登上开往祖国的轮船。“我回国，就是为了报效祖国。科学无国界，但科学家是有国界的，爱国主义是应该无条件接受的。”他说。

为国家 3 次“转行”

从事科学研究 60 多年，张存浩多次转行。他斩钉截铁地说：“我搞科研，不就是为了报效祖国嘛！国家的需要才是最重要的！”

1951 年春天，23 岁的张存浩谢绝包括北京大学在内的 4 所北京高校和研究所的邀请，辞别了家人，来到中国科学院大连化学物理研究所，正式开始了“国家需要什么，我就做什么”的科研人生。

刚到大连，张存浩便转了行。当时新中国只在玉门有片很小的油田，为解决国家急需，张存浩接下了我国催化剂研究奠基人、研究所所长张大煜交下的第一个任务：水煤气合成燃料研究。这就是要从水煤气中获得燃油，张存浩的研究在很短的时间内就达到了国际领先水平。

1959 年，大庆油田被发现，举国欢庆，中国一跃从“贫油国”变为“富油国”。相较于石油低廉的工程造价，水煤气合成液体燃料的成本显然太高了。这项研究只能搁置。张存浩当时并没有什么不舍，“但后来想如果当时接着做，可能会做得更好”。

之后国际形势的激化，迫使中国独立自主地发展国防技术。张存浩又迅速转向火箭推进剂研制这一陌生的领域。“当时这方面资料少，我们几乎是从头做起，非常艰难。”张存浩多年后回忆，“既然国家需要，就努力去干，不懂就去学。”

在进行大量实验的基础上，张存浩和团队成员们提出了固体推进剂燃速的多层火焰理论模型，第一次比较全面地解释了固体推进剂的侵蚀燃烧和临

张存浩（左一）在实验室做实验

“老骥伏枥，志在中华复兴”的张存浩先生

张存浩（右一）与激光化学实验室的青年学生讨论问题

界流速现象。

改革开放后，在与美国科学界人士的一次交流中，美国科学家惊叹道："没想到中国在20年前就有了这么完美的燃速理论。"

1973年，中国科学院大连化学物理研究所正式成立了"激光化学实验室"，张存浩任实验室首任主任，开始了他科研生涯中的"第三次转行"。

当时，激光因其亮度高、不需强大电能而在军事与工业方面展现了广泛的应用前景，成为国际研究热点，我国多个单位都开展了相关的探索。有科学界的老领导主张搞自由电子激光，张存浩据理力争，提出做化学激光，认为它较自由电子激光有明显的优越性："我只要你1/10的经费，还可比你早做出成果来！"

中国科学院院士何国钟和张存浩共事多年，非常熟悉这位老同事的性格，越是新的、越是难的前沿研究，就越不惧怕："这是他的性格，也是他所说的在科研上'不入虎穴，焉得虎子'。"

化学激光技术是一项真正的尖端技术，要集成多个学科的知识。当时在国际上，一些发达国家的研究也起步不久，以当时的中国科技水平来搞这项研究，难度非常大。虽然骨子里有股子韧劲，喜欢迎难而上，但重提当年，张存浩还是承认："在某种程度上，搞激光比搞火箭还困难，主要是一无所有。缺资料、仪器、设备，连基本的光谱仪、示波器也没有。"

这一次，他得了一个"张着急"的绰号。中国科学院院士沙国河是激光化学实验室第一批组员之一，他回忆，张存浩每天都会来检查工作，问大家有什么进展。要是总没进展的话，大家都会觉得不好意思："在他手下干事是非常有压力的，因为他非常着急，想尽快把化学激光搞上去。"

在张存浩的带领下，团队成员从零起步，艰苦攻关，超声速燃烧型氟化氢、氟化氘激光器终于诞生，整体性能指标达到当时世界先进水平，为发展我国国防高科技事业作出了重要贡献。

进入20世纪80年代，已近花甲之年的张存浩继续深耕化学激光领域，取得了一系列的瞩目成就。1985年，他带领团队在国际上首次研制出放电引发脉冲氧碘化学激光器，效率及性能处于世界领先地位；1992年，研制出我国第一台连续波氧碘化学激光器。“张存浩为推动我国化学激光领域的快速发展发挥了至关重要的作用。”中国工程院院士杜祥琬说。

从水煤气合成燃料研究到火箭推进剂研制再到化学激光，张存浩数次转行，常有人问他：“你回国后，做了这么多任务性科研，没有关注过自己的科学兴趣，后悔吗？”他回答得非常坚定：“我搞科研，不就是为了报效祖国嘛！国家的需要才是最重要的！”

想方设法支持人才成长

中国科学院院士、上海交通大学原校长张杰正是由张存浩亲自引进回国的。他说：“张存浩先生对我们的支持，时时激励着我、温暖着我。”

作为中国化学激光的奠基人、分子反应动力学的奠基人之一，在科学研究之外，张存浩高度重视人才培养。他在中国科学院大连化学物理研究所共事或带过的中青年骨干和学生，比如何国钟、沙国河、杨柏龄、桑凤亭、杨学明等，都已成长为具有国际影响的科学家。

中国科学院院士何国钟比张存浩小 5 岁，到中国科学院大连化学物理研究所工作的时间也晚几年。1963 年，还是助理研究员的何国钟被连升两级，工资也跳了两级，工作上干劲十足。他回忆说，当时已是研究员的张存浩“为这两级跳帮了不少忙”。

在身边人眼中，张存浩对优秀人才发自内心地爱惜，想方设法支持他们的成长。中国科学院院士杨学明是张存浩 30 多年前的研究生，正是在张存浩的指导和引领下，开始走上了研究分子反应动力学这条科研道路。他撰文回忆老师：“在我的印象中，他一向温文尔雅，从不对学生发火，总是在谆谆教导中让学生体会科研的奥秘……在读书期间，张老师教会了我很多东西，例如怎样做好科学研究以及如何拓宽自己的研究视野，等等，给了许多让我受用一辈子的建议。”

张存浩对学生的指导“很下功夫”。他的博士研究生石文波回忆，读书期间，自己的每篇英文文章都由张存浩亲自反复修改，甚至细化到英文单词表达，“不光是我的论文，只要是张先生给我们修改的论文，都会仔细到那样的程度”。当石文波因摸不着实验门路而失去信心时，也是受到张存浩的点拨才跨入门槛。

“我接触张先生的学生，和他们聊天时，他们都道出自己为能是张先生的学生而感到无比荣幸。”曾经担任过张存浩文字秘书的姜英莉回忆。她经常看到张存浩的学生中午或者下班后来到他的办公室，和张存浩讨论科研论文，讨论学术思想，张存浩会认真审阅学生们厚厚的论文，并和学生认真交谈，指导学生去做好每一项研究工作。

“伯乐难当。”张存浩说，“作为培养者，要有眼光、有远见，短期内不太突出的年轻人，也不能马上就‘枪毙’，要给他们足够的时间。”

1986 年到 1990 年，张存浩出任中国科学院大连化学物理研究所所长，开始“科研管理一肩挑”。1991 年至 1999 年，张存浩调往刚刚成立 5 年的国家自然科学基金委员会，接替第一届主任唐敖庆先生，担任第二、第三届主任。在此期间，张存浩两次写信给时任国务院总理李鹏，申请专项资金支持青年科学家。在国务院的支持下，1994 年基金委设立“国家杰出青年科学基金”。

中国科学院院士、上海交通大学原校长张杰正是由张存浩亲自引进回国的。1997 年，张杰在英国卢瑟福实验室担任高级科学家和实验室主任。这一年，张存浩访问考察了卢瑟福实验室，在听取实验室研究成果的介绍后，他提出想见见张杰。当时，张杰在国外开会，要第二天才能回来。等待 1 天后，张存浩再次来到卢瑟福实验室，和张杰聊了整整 3 小时。

张存浩深知，张杰已在国外工作 10 年，回到祖国从零起步，并不是一件容易的事情。他希望在最短的时间内，为张杰争取到最有效的支持。在他的努力下，基金委打破常规，把基金委主任的主任基金集腋成裘，在最短的时间内给予张杰 200 万元的科研启动经费。

1999 年，张杰回国担任中国科学院物理研究所研究员、博士生导师，光物理重点实验室主任、物理所副所长。在短短 1 年多的时间里，他与同事们一起用国产元件建成了 TW 级的飞秒激光装置，并利用这台装置取得了一系列的成果，得到了国际学术界的认可。张杰说："张存浩先生对我们的支持，时时激励着我、温暖着我。"

张存浩经常强调："人才的作用是无论如何评估都不过分的。"据统计，国家杰出青年科学基金成立 20 多年以来，资助了数千名青年科学家，他们大多成长为中国基础研究领域的中坚力量。

"他把荣誉让给了我们"

一旦出了成果，张存浩从不"抢功"，总是把最大的功劳归于工作在第一线的学生和合作者。他说："我的贡献不如年轻人大。"

2008 年，一位年轻学者在参加全国化学动力学会议庆祝"张存浩院士八十华诞"活动时感慨，张存浩先生在物理化学界受尊敬的程度在整个会议期间都可以感觉得出来。

这种尊敬并不仅仅因为这位化学激光之父在科研上的成就。中国科学院院士何国钟就讲述过一件往事，20 世纪 60 年代，在张存浩转向研究火箭推进剂的时候，何国钟和张存浩两人成为搭档。他们提出了固体推进剂的多层火焰燃烧模型和理论，第一次揭示了侵蚀燃烧现象中临界流速存在的根源。当这个项目后来申报国家自然科学奖时，作为项目的带头人，张存浩将自己列在第四位，而将何国钟的名字放在了第一位。"他把荣誉让给了我们。"何国钟说。

事实上，在中国科学院大连化学物理研究所工作过的人都知道，一旦出了成果，张存浩从不"抢功"，总是把最大的功劳归于工作在第一线的学生和合作者。"我的贡献不如年轻人大。"他说。

学生解金春博士清楚地记得，在一次论文署名时，张存浩把当时还在读博士的解金春列为第一完成人，而把自己排在最后。后来，这篇论文获得了首届吴健雄物理奖。

张存浩不仅不“抢功”，还不在乎署名。中国科学院院士沙国河曾在一篇文章中回忆——20 世纪 80 年代初期到 90 年代，中国科学院院士朱清时、清华大学教授李丽等人曾在中国科学院大连化学物理研究所工作，时任室主任的张存浩为他们争取到了傅里叶变换光谱仪和染料激光器等关键仪器，后来又和他们一起做激光光谱学方面的研究，但当这两位科学家要将论文署上张存浩的名字时，他谢绝了。

“谦逊是实事求是，而自满导致故步自封。真正优秀的科学家应该既是充满自信的，又是高度谦逊的。”在《我和科学基金——十五年回眸》一文中，张存浩写道，“对同行、同事和下级的尊重就是一种应有的谦逊，它能够引导出更高的凝聚力。”

“张先生为人既有谦谦君子的儒雅之气度，又有大师级尊贵严谨之风范。”姜英莉在张存浩身边工作 4 年，她记忆中张存浩曾经在中国科学院大连化学物理研究所举办的联欢活动中用英文演唱《友谊地久天长》，用这首歌为舞台上跳舞的同志伴唱。后来这首脍炙人口的英文歌成了他联欢活动中的保留歌曲。“这首歌正映照了在张先生身上所体现的真、善、美，以及巨大的人格魅力。”姜英莉说。

在获得 2013 年度国家最高科学技术奖的喜讯传出后，面对鲜花和掌声，张存浩保持了一以贯之的谦虚，他说：“这个荣誉是属于集体的，既是属于大连化物所（中国科学院大连化学物理研究所）这个小集体，也是属于国家这个大集体。我也并不觉得很兴奋，做科研还要走很长的路。”

张存浩

谈

科学家
精　神

——真正优秀的科学家应该既是充满自信的，又是高度谦逊的。

——我们的理解力并不差，但缺少原创性，有时和别人同时起步，但逐渐落后，这与对基础研究在培养人才中的作用认识不够有很大关系。

——其他国家的经验表明，科技创新的关键取决于高层次人才的数量和质量。培养高层次人才，是基础研究的根本任务，应该创造一个这样的环境。

——中国基础研究的目标既要符合当前中国人口众多、资源匮乏的国情，又要适应今后大约半个世纪之内中国要逐步发展成为世界强国的需要。

——如果没有实验，光有理论预测的话，有时会走到很歪的路上去。两方面都有，互相扶持、互相校验，这样是最好的。

——有时我们要走与外国人不同的技术路线，并不是我们想要标新立异，而是因为外国人在应用研究上常常是把走不通的路线发表了，把走通了的路线严格封锁起来。所以在确定研究路线时，一定要解放思想，保持清醒的头脑。

赵忠贤：把超导体做到极致

赵忠贤，我国著名物理学家、超导专家。1941 年 1 月出生于辽宁省沈阳市新民市，1964 年毕业于中国科学技术大学，同年分配到中国科学院物理研究所工作，曾担任国防课题组业务负责人和超导国家重点实验室主任。

赵忠贤长期从事超导研究，是中国高温超导研究奠基人之一，为高温超导研究在中国扎根并跻身国际前列作出了重要贡献。他以敏锐的洞察力引领中国超导研究的方向，在艰苦的条件下始终坚持科研，独立发现液氮温区高温超导体，发现系列 50K（开氏度 = 摄氏度 +273.15）以上铁基高温超导体并创造 55K 纪录。他始终坚持在科研一线工作，注重对年轻人的培养，受他影响的几代优秀人才已担负起实现新突破的重任。

赵忠贤于 1987 年当选为第三世界科学院院士；1991 年当选为中国科学院学部委员（院士）。2015 年荣获马蒂亚斯奖；2017 年 1 月获 2016 年度国家最高科学技术奖。

赵忠贤院士

1989 年，时年 48 岁的物理学家赵忠贤第一次为公众所熟知，是因为他带领中国科学院物理研究所团队凭借“液氮温区氧化物超导体的发现及研究”项目斩获国家自然科学奖一等奖。

时隔 25 年，赵忠贤领衔的研究团队因“40K 以上铁基高温超导体的发现及若干基本物理性质研究”方面的突出贡献，再次问鼎国家自然科学一等奖。此前，这一奖项已经连续空缺 3 年。

2017 年 1 月，第三次站到国家科学技术奖励大会领奖台上的赵忠贤，摘得了我国科学技术奖励的最高奖——国家最高科学技术奖，成为首位“40 后”的国家最高科学技术奖获得者。

“我这一辈子只做一件事，就是探索超导体、开展超导机理研究。”50 多年前，年轻的赵忠贤被分配到中国科学院物理研究所时，中国的超导研究才刚刚起步。如今，这位年逾古稀的“中国高温超导领军人”身边已经凝聚了一支世界领先的中国高温超导研究队伍，中国的高温超导研究走在了世界的前列。

《科学》杂志 3 次报道赵忠贤及其团队的工作，并评论说：“中国如洪流般不断涌现的研究结果，标志着在凝聚态物理领域中国已经成为强国。”

读书时，讨论最多的是“红专”问题

一本苏联杂志《知识就是力量》的中译本，成了赵忠贤与科学结缘的起点。他说：“很多年之后，我才慢慢体会到了解科学是种享受，能获新知、引发好奇、提升情趣。”

新民市，隶属于辽宁省沈阳市，位于辽宁省中部，辽河下游平原地区。1941 年 1 月，赵忠贤在这里出生。“成长在新中国的红旗下，我们是听着老红军的故事，唱着《让我们荡起双桨》长大的。”赵忠贤回忆。

1956年，中国提出“向科学进军”的号召，制定了新中国成立后第一个发展科学技术的长远规划，这令刚刚升上高中的赵忠贤心潮澎湃。就读高中期间，一本苏联杂志《知识就是力量》的中译本，成了他与科学结缘的起点。借助这本科学杂志，赵忠贤了解了许多苏联在科技方面的新进展，如卫星、火箭、半导体等，使他对科学的兴趣愈发浓厚。

1959年，赵忠贤高中毕业，最初想报考地质专业，为祖国寻找矿产资源，但体检时被误诊为平足，没有资格报考；想考中国人民解放军军事工程学院，又因特殊原因而失去报名的机会。虽然志愿填报有些曲折，但他还是如愿考取中国科学技术大学物理系。他一直记得中国科学技术大学的招生简章的封面是一枚火箭：“我想正是这一点，吸引了包括我在内的很多同学报考了中国科学技术大学。应该说是国家的召唤让我们这一代很多人选择了科学技术。”

在中国科学技术大学，赵忠贤得到了包括“两弹一星”元勋钱三强、物理学家张宗燧在内的诸多物理先贤的悉心指导。“我至今仍记得先生们在黑板上写教案的情景。”赵忠贤感慨地说。

有一次，赵忠贤和同学们一起在学校的大操场上听钱三强讲苏联造第一颗人造卫星的情景。钱三强讲道，当时第二次世界大战还没有结束，苏联政府就从前线调回一批年轻人，让他们到后方学习。那时环境艰苦，有时候就在走廊里上课。后来，这批人中很多人成了苏联导弹和卫星事业的骨干。这让赵忠贤意识到，上大学不仅仅是对科学的喜爱，更是责任和使命感。

“读书时，我们讨论最多的是‘红专’问题。”中国科学技术大学的校训是“红专并进，理实交融”。在赵忠贤看来，“红”不在于参加了多少政治运动，而在于内心深处的信念；“专”则要全身心地投入，不断提高业务水平，努力把组织上交代的任务完成好。这段求学经历让他在日后的科研中学会了如何在艰难的条件下坚持科研，如何在设备差、经费少的情况下依然把科研做出成果。

1964年，赵忠贤被分配到中国科学院物理研究所，很快成为所里重点培养的青年人才，跟随物理学家洪朝生做超导研究，由此开启了长达半个世纪的高温超导探索。

当时，超导仍是一个世界性的谜题，而中国的超导研究才刚刚起步。之所以选择探索高温超导体，赵忠贤说有3个理由："这是科技前沿，具有重大的科学意义；一旦成功，有很大应用价值；探索过程中，还能解决其他相关问题。"

"我们这一代人基本上是在老红军的精神和老一辈科学家的爱国奉献精神的感召下成长的。"多年后，赵忠贤因为超导研究获得了一系列至高荣誉，他在接受记者采访时说，"我自己从来没有想到会拿什么奖。中国的科技发展是举世瞩目的。作为我们这一代人，最欣慰的是我为此奉献了。"

"北京的赵"享誉世界

如今已是南京大学物理学院教授的闻海虎曾在读研究生时重复赵忠贤做过的实验。他感慨，赵忠贤和团队从一穷二白起步，设备修了坏、坏了修，实在无法想象该有多难。

超导，全称超导电性，是指某些材料在温度降低到某一临界值（即超导临界温度）以下时，电阻突然消失的现象。具备这种特性的材料称为超导体。从磁共振成像仪到超导磁悬浮列车，超导正在或即将为人类创造可观效益。

高温超导体，指临界温度在40K（-233.15℃）以上的超导体。物理学家麦克米兰根据BCS理论（解释常规超导体的超导电性的微观理论，提出者获1972年诺贝尔奖）计算，认为超导临界温度不大可能超过40K。他的计算得到了国际学术界的普遍认同，"40K"因此被称作"麦克米兰极限"。超导临

1992 年，赵忠贤在实验室工作

赵忠贤接受采访

界温度极低，广泛应用受到限制，寻找高温超导体至今仍是全世界科学家的梦想。

1974 年，赵忠贤到英国剑桥大学进修，接触到了世界超导研究最前沿的技术。1975 年回国后，他开始探索高临界温度超导体，寻找临界温度在 40K 以上的超导体。仅隔了 2 年，赵忠贤就在《物理》杂志上发表文章，指出超导体的临界温度可以达到 40 ~ 55K（-233.15 ~ -218.15℃），甚至在某些情况下可以达到 80K（-192.15℃）。这与传统的“麦克米兰极限”理论相悖，以至于当时不少人认为“赵忠贤太大胆了”。

南京大学物理学院教授闻海虎是时隔多年后读的这篇文章，他说，“读起来一点也不过时，其中一些观点至今仍然是追求新超导体的好思路。他的成功与很早就关注、热爱，而且长期坚持有关”。

“现在我国超导研究能跻身世界前列，与我们对超导认识得比较早有很大关系。”如今再谈超导，赵忠贤一直庆幸中国“醒得早”。

1986 年，“醒得早”的赵忠贤读到了两篇宣布发现了高温超导体的学术论文。一篇刊登在一个国际知名物理期刊上，但赵忠贤没有相信。另一篇发表在比较普通的杂志上，即欧洲科学家柏德诺兹和缪勒发表的题为《铜氧化合物可能存在 35K 超导性》的论文。很多人不相信文中的观点，但赵忠贤却敏锐感觉到，这可能是一个突破口。

赵忠贤立刻组织团队，开始研究铜氧化物超导体。尽管干劲十足，但当时的科研条件确实艰苦。没有样品，他就自己造个炉子烧；没有可用的设备，就买个处理品自己改装。大家没日没夜地干，累了就轮流在椅子上打个盹，饿了就在实验室煮碗面条。最看不到希望的时候，他和团队成员互相打气：“别看现在这个样品不是超导体，新的超导体很可能就诞生在下一个样品中。”

闻海虎曾经重复过赵忠贤做过的实验，他说那时候没有计算机采集，只能盯着仪器表一个数一个数地记录，测一条曲线往往要不眠不休两天两夜才能完成。他感慨，赵忠贤和团队从一穷二白起步，设备修了坏、坏了修，实在无法想象该有多难。

功夫不负有心人，终于，赵忠贤团队在镧－钡－铜－氧体系中获得了40K以上的高温超导体，并发现了70K的超导迹象。1987年2月19日深夜，赵忠贤团队在钡－钇－铜－氧体系中发现了临界温度93K的液氮温区超导体！1987年2月24日，中国科学院数理学部召开发布会，正式公布赵忠贤等人制备超导样品的元素组成：钡－钇－铜－氧。次日的《人民日报》报道了这一消息，世界各大通讯社纷纷转载。"北京的赵"一战成名。

1987年3月，在美国物理学会3月会议上，赵忠贤作为5位特邀报告人之一，进行了20分钟的发言。中国科学家在国际上有这样的待遇，在当时极其罕见。

会议从晚上7点多一直持续到第二天凌晨，1100人的大厅里，挤进了3000多人。在这场后来被称作"物理学界的摇滚音乐节"的学术会议上，赵忠贤面对着来自全球的物理学家，展示了中国超导研究的重大突破，这让他感到光荣与骄傲。他说："荣誉归于国家，成绩属于集体。我就是一个普通人，只是做好了自己的本职工作。"

凭借这一成果，赵忠贤在1987年获得第三世界科学院物理学奖，也成为首次获此奖项的中国科学家。1989年，赵忠贤团队凭借该成果又获得了象征着我国自然科学领域最高奖的国家自然科学奖一等奖。

"热的时候坚持，冷的时候更要坚持"

赵忠贤对超导体，尤其是高温超导体有长期的和特殊的喜爱。因此，他几十年如一日，追求这个方向，最终取得了瞩目成果。中国科学院物理研究所研究员刘国东说："可以肯定，若不坚持，没有思想上和技术上的储备，铁基超导研究不会有今天的成绩。"

谈到赵忠贤约半个世纪的超导研究历程，有一个关键词不能不提——坚持。

20 世纪 90 年代中后期，国际物理学界在通过铜氧化物超导体探索高温超导机理的研究上遇到了瓶颈，相关研究进入低谷。国内的研究也受了影响，不少研究人员转向其他领域。“热的时候要坚持，冷的时候更要坚持。”赵忠贤却坚持坐“冷板凳”，带领超导团队始终坚守在超导研究这块阵地。在他看来，“高温超导研究有潜力，未来必将有重大突破”。

在中国科学院物理研究所的一栋二层旧楼里，一直摆放着一台看上去有些笨重的六面顶液压机，这是赵忠贤趁着厂商打折时“淘”回来的装备：“这台设备虽然很土，但是很管用。”正是用这台液压机，赵忠贤带着团队一次次做实验，一个个崭新的成果接踵而至。

2008 年，日本科学家发现在掺氟的镧、氧、铁、砷体系中存在 26K 的超导性。赵忠贤立刻意识到，这一类铁砷化合物（后来被称作“铁基超导体”）很可能是新的高温超导体。之后，他提出了高温高压合成、结合轻稀土元素替代的方案，并率领团队很快将超导临界温度又提高到 50K 以上，也创造了 55K 的铁基超导体转变温度的世界纪录，为确认铁基超导体为第二个高温超导家族提供了重要依据，实现了高温超导研究领域的第二次突破。

当时已 67 岁的赵忠贤带领年轻人几乎通宵工作，完成了铁基超导研究最关键的 3 篇论文。事后得知，其中一篇只比国外同行早 1 天发布。

中国科学院物理研究所超导国家重点实验室研究员孙力玲与赵忠贤共事多年，她在接受《科技日报》记者采访时说：“赵老师给我印象最深的，就是他对科研方向的坚持。他真的做到了扎下根，决定一个方向，然后就全力以赴。”

“可以肯定，若不坚持，没有思想上和技术上的储备，铁基超导研究不会有今天的成绩。”赵忠贤的学生、中国科学院物理研究所研究员刘国东说。

从事了约半个世纪的超导研究，赵忠贤说，搞科研最重要的一点就是能够抓住问题的本质，并驾驭自己的知识和能力去解决它。“如果说我做科研有什么优势，那就是我的科研直觉比较准，我能够感觉到正确的方向在哪里。而这种科研直觉来自大量的经验，来自在长期坚持后的积累、长期积累的升华吧。”

“忠诚超导数十载，后学尽忙挠耳腮。哲贤升温铜雀台，人皆仰止齐喝彩。前征途中觅铁开，楷法自然非意外。辈辈概从磁中猜，模模均朝机理开。”在赵忠贤七十大寿时，中国科学院物理研究所超导八组成员在所作的祝词中，巧妙地镶嵌了“忠”“贤”二字。

赵忠贤常和他的学生开玩笑：中国人逢年过节喜欢打麻将，和牌了很高兴；做科研也是一样，有时有“小和”，有时有“大和”。“打个不一定恰当的比喻：我们口袋里装着许多把钥匙，同时还在不断地制造出新的钥匙，而只有其中一把能够开启科学之门。我们要做的，就是不懈努力，制造、修改每一把钥匙，直到打开这扇大门。也许，此前试验过的那么多钥匙都失败了，于是有人选择了放弃——但谁又能肯定，接下来这把钥匙不会解开未知之谜呢？”

2014 年初，赵忠贤和团队凭借铁基高温超导研究再次问鼎国家自然科学一等奖，这也是该奖项连续 3 年空缺之后首次授奖。而他本人则于 2015 年和中国科学技术大学陈仙辉教授一起被授予国际超导领域的重要奖项——马蒂亚斯奖。2017 年 1 月，第三次站到国家科学技术奖励大会领奖台上的赵忠贤，摘得了我国科学技术奖励的最高奖——国家最高科学技术奖。

“象征着最高荣誉的国家最高科学技术奖授予赵忠贤，是对我国基础物理研究和科研人员的巨大鼓舞。”中国科学院院士王玉鹏说，“几十年来，我国高温超导研究从追赶到引领世界。在这一历史进程中，赵忠贤是主要的倡导者、推动者和践行者。他有无私奉献的精神和国际领先的成果，是新中国培养的科学家的杰出代表，为高温超导研究扎根中国并处于国际前列作出了重要贡献。”

为中华物理生根

“我比喻年轻人和年长学者之间的关系似冬虫夏草。”在中国科学院物理研究所2010年开学典礼上，赵忠贤作为院士代表讲话，他说，“创新是在一定基础上产生的，需要继承和发展。”

“平湖静，小河浑，册府半装新。檐前竹上蜡梅熏，花信又初春。去复还，研兼教，几代师生耕造，为中华物理生根。超导贺高温。”1987年，“两弹一星”元勋彭桓武先生为祝贺中国科学院物理研究所高温超导研究取得成果，手写了一首《喜迁莺·小令》。赵忠贤非常喜欢，一直珍藏在自己的办公室里。“为中华物理生根”，彭桓武先生的这句殷殷嘱托，让赵忠贤一直牢记于心。

“我比喻年轻人和年长学者之间的关系似冬虫夏草。”赵忠贤非常重视对年轻人的培养，在中国科学院物理研究所2010年开学典礼上，他告诉台下的研究生们，“创新是在一定基础上产生的，需要继承和发展。我希望老师和同学能够很好地结合，有积累、有突破。”他建议年轻人，将“追求真理，讲究奉献”放在第一位，“选好目标，坚持不懈，融入集体，培育专长，抓住机遇，切入核心”。

正如他在科研上总是勇攀高峰，生活中的“北京的赵”同样喜欢挑战，滑雪、漂流无不尝试。在他的书架上，摆着一张十分显眼的照片。照片上，他身着红白相间的滑雪服，双臂夹紧滑雪杆，身体微屈向前。除运动外，文学、摄影、博物馆的文物以及中西方音乐都是他的兴趣所在。问到最喜欢的音乐作品，赵忠贤的回答是小提琴协奏曲《梁祝》和1987年版电视剧《红楼梦》中的曲子。

出生东北的他性格诙谐耿直，时不时用洪亮的大嗓门开启“吐槽”模式，引得旁边人笑声一片。赵忠贤的团队成员、中国科学院物理研究所研究员董晓莉告诉记者：“赵老师是个很风趣幽默的人，经常把我们的团队逗得哈哈大笑。”

董晓莉说，大家都喜欢和赵老师聊天。赵忠贤对超导历史烂熟于心，他不仅记得元素组成、超导温度这些重要参数，而且能随口报出很多超导体的发现年代、发现者的名字。他还时常和团队成员包括学生们分享一些“科学家八卦”，大家在欢声笑语中将知识轻松记下。

赵忠贤也常说自己和年轻人之间没距离，他回忆，20 世纪 80 年代去美国开会，中国的留学生都跑到他的房间来看电视。

常有学生问他：“一辈子就干了这么一件事，有时还很辛苦，不觉得枯燥吗？”

“人活着要吃饭，将个人的兴趣与生计结合起来是最理想的选择，而我恰巧很幸运。”在赵忠贤看来，超导研究充满了挑战和惊喜，“科研工作者，最幸福的就是每天都在逼近真理。我每研究一段时间后就能看到新的东西，就是一个崭新的世界。每个人对幸福的感知不一样。能够看到崭新的世界，我就感到很幸福、很高兴。虽然有时生活苦一些，干活累一些，但我在做自己愿意做的事，就感到很快乐。”

年逾古稀，赵忠贤依然保持着旺盛的工作热情。他如今的工作重点有两个，一是凝练学科方向，二是尽可能地为年轻人营造良好的学术氛围。

“初生牛犊不怕虎，年轻人有胆识、有激情、肯吃苦、能战斗、可信赖，思想也不容易受到限制。”赵忠贤对年轻人寄予厚望，时常鼓励他们解放思想，敢于提出不同意见，同时为他们创造好的科研环境，使他们能冲出来。

“我愿做铺路石子，让年轻的朋友大展宏图。”他说，“虽然超导研究的两次热潮我都赶上了，而且也都做出了成绩，但仔细分析我也错过了好多机会。我希望将自己的这些经验教训分享给年轻科研工作者，让他们能少走些弯路，取得更大的成绩。”

2018 年，中国科学院物理研究所庆祝成立 90 周年时，请赵忠贤对所里的年轻同事讲几句，他想了想，说：“现在年轻人基础都很好，设备一流，经费充裕。关键是要扎下根来安下心做事。”

做什么事呢？“一是国家的需求，二是科学发展的需求。两者都服务于国家发展和人类文明进步。”

对未来，他满怀信心:“现在全国有这么多的科技人员、这么多的团队。我认为，一个人或者一个团队花 10 年或者 20 年的时间，解决一个重要的科学问题或是一个核心技术问题，加起来那还得了吗？”

赵忠贤谈科学家精神

——科学研究是一个水到渠成、水涨船高的过程。你有一批人找对了方向，踏踏实实坚持不懈努力，总会获得有益于人类文明进步的发现。

——现在社会上各种诱惑很多，但既然选择了科研这条道路，就要安下心来，不要心猿意马。

——科研工作的确是几十年如一日，能坚持下来，绝不是来自外力的强迫，而是因为简单的“热爱”。

——冷板凳并不总是冷的，尽管遇到很多困难，在研究过程中，越做也越有兴趣。兴趣很重要，你有瘾了，会非常愿意做它。

——坚持做某一事情有一个在长期积累的基础上产生的认识上的升华。这个升华可以意会不能言传。有这种认识以后，你突然对你从事的工作有一种感觉。这种感觉往往说不清楚，有时你做这个决定，最后这个决定就是对的。

——科学研究在于解决科学问题，而不是凑热闹、表演。哪怕开始是棵小树，坚持下去必能长大。跟着别人凑热闹，再好的成果，自己也只能是个跑龙套的。

曾庆存：让天有可测之风云的『诗人院士』

曾庆存，中国科学院大气物理研究所研究员，国际知名大气科学家，数值天气预报理论奠基人之一。1935 年 5 月出生于广东省阳江市，1956 年毕业于北京大学物理系，1961 年在苏联获数理科学副博士学位。曾任中国科学院大气物理研究所所长、中国气象学会理事长、中国工业与应用数学学会理事长。

他首创“半隐式差分法”，在国际上最先成功将原始方程组模式用于短期数值天气预报，开启了数值天气预报应用的先河；并建立了我国第一个也是世界首个夏季降雨量距平预告方法。他的《大气红外遥测原理》是世界上第一本关于大气卫星遥感的系统性理论专著，其中提出的遥感方程和“最佳信息层”理论至今仍是监测暴雨和台风等灾害性天气的重要依据。

1980 年，曾庆存当选中国科学院学部委员（院士）；1994 年被选为俄罗斯科学院外籍院士；1995 年被选为第三世界科学院院士。2016 年，他获得全球气象学界最高奖——国际气象组织奖。2020 年 1 月获 2019 年度国家最高科学技术奖。曾获国家自然科学奖二等奖和三等奖各 1 次。

曾庆存院士

鱼儿出水跳，风雨就来到。这是千百年前古人对气象的认知。随着气象观测与预报技术的进步，我国的气象科学不断发展并逐渐位居世界前列。

24 小时城镇晴雨预报准确率达 85.9%、24 小时暴雨预警信号准确率达 89%、强对流天气预警提前量达 38 分钟、可提前 3 ~ 4 天对台风路径作出较为准确的预报……我们切身体会到，天气预报越来越准了。

而这背后，是无数气象科学家的默默付出。其中，有这样一位老人，一辈子追风逐云，致力于破译气象密码。他是中国数值天气预报业务的开创者，也是为全世界数值天气预报和气象卫星遥感研究作出开创性贡献的气象学家——曾庆存。

他成名很早。25 岁破解世界级气象难题，为如今的天气预报技术奠定基础；44 岁“够格”领取国家津贴，与著名数学家陈景润“同在第一档”；45 岁当选中国科学院学部委员（院士）。

在无穷变幻的气象里，曾庆存不断精确着人类可以掌握的规律，以此来造福人民，造福国家。回顾自己的科研成绩，他却谦虚地说：“我曾立志攀登科学的珠峰，但我并没有到山顶，大概在海拔 8600 米的地方建了个营地，供后来者继续攀登。”

“长江后浪推前浪，一代一代往前走，科学哪有到顶的时候呢？”曾庆存现在最关心的，是我国首个专用地球系统数值模拟装置——“寰”的落地建设，这个大科学装置被形象地称为“可以为地球做 CT”。

穷人家走出的气象大家

位于祖国南海之滨的广东省阳江市，是座人杰地灵、钟灵毓秀的城市。明代戏曲家汤显祖做客阳江时，留下了“峰如眉黛翠如环”的佳句。这也是一个台风、暴雨多发，气象灾害频繁的城市。从这里走出了一批气象学者，曾庆存，便是其中最杰出的一位。

1935年5月，曾庆存出生在广东省阳江市一个贫困的农民家庭。在他的《院士自述》一文中有这样一段话："小时候家贫如洗，拍壁无尘。双亲率领我们这些孩子力耕陇亩，只能过着朝望晚米的生活。深夜劳动归来，皓月当空，在门前摆开小桌，一家人喝着月照有影的稀粥——这就是美好的晚餐了。"

家里穷，没有牛，他和哥哥就当"牛"拉绳索，父亲在后面扶犁，直至太阳西坠。家里没钱买灯油，父亲就用泡水几个月后晒干的竹条，点燃做灯。吃完晚餐，父亲拿火把照明，兄弟俩一起温习知识。

曾庆存11岁那年的一天，台风过境，风雨交加，一家人困在屋里。读书不多的曾父，提出一句"久雨疑天漏"，让曾庆存与哥哥曾庆丰对对子。父子兄弟一边聊天一边推敲，联句得诗一首："久雨疑天漏，长风似宇空。丹心开日月，风雨不愁穷。"

回想起这段童年往事，曾庆存全然不记屋漏之苦，但念父亲之用心。"如果没有父亲的熏陶和启蒙，我和哥哥不会走上读书这条路。"曾庆存说，父亲曾明耀虽是一介农夫，只读过3年私塾，但对知识一直向往，逢年节就帮村民写对联，常带着兄弟俩吟诗作对，用柴枝在地上练习"写大字"。

尽管当时全家人穷得吃不饱饭，曾明耀还是咬牙把适龄的曾庆丰送进学堂。曾庆存当时才6岁，跟着哥哥以旁听生的身份开始自学生涯。从那时起，两个农家少年打着赤脚、衣衫褴褛，每日往返于田间和学堂。

1946年，小学没毕业，他和哥哥参加百里挑一的"跳考"，直接进入中学读书。1952年，曾庆存以优异成绩考入北京大学物理系。入学后不久，系里决定让一部分学生改学气象学专业，因为国家急需气象人才，他二话不说服从了安排。

"我对那时发生的一场气象灾害印象深刻—— 一场晚霜让河南40%的小麦颗粒无收。河南省是我国的粮食主产区，这场气象灾害不仅让农民和国家遭受了经济损失，更让很多人挨了饿。当时我就想，如果天气能够预报预判，这样的灾害就能避免。国家需要我学气象，这就是我今后努力的方向。"曾庆存回忆道。

出身穷苦人家的他，对农业收成和人民生活受天气和气候影响深有体会。变幻无常的天气，深深吸引着这个刚刚与气象学结缘的年轻人。

大学期间，曾庆存延续着幼时刻苦学习的劲头，4 年寒暑假都没有回家，留校埋头苦读。他不仅对气象学产生了浓厚兴趣，而且十分注重对数学和物理等基础学科的学习，养成了学习交叉学科知识的爱好。

20 世纪 50 年代的气象科学还处于半理论半经验阶段，国际上的天气预报刚从定性向客观定量化起步。即将毕业的曾庆存到中央气象台实习，看到气象员们废寝忘食地守候在天气图旁进行分析判断。在天气图上，雨用绿色标注，雷用红色标注。“喜见春雷平地起，漫山绿雨半天红”，这是他对当时天气预报的印象。但更多时候看到的是，由于缺少精确的计算，往往只能通过定性分析判断和凭经验进行预报，预报员心里都没把握，更说不上有多准确了。

从那时起，曾庆存下决心研究客观定量的数值天气预报，提高天气预报的准确性，增强人们战胜自然灾害的能力。

1956 年，即将大学毕业的曾庆存提交了入党申请书，上面郑重地写道：“响应党中央‘向科学进军’的号召，为祖国建设贡献力量，我决心把一切献给党，献给祖国和人民。”

26 岁破解世界级难题

踏上祖国土地的那一刻，曾庆存心潮澎湃。他要向朝思暮想的祖国表明心迹：绝不辜负国家的培养，一定要在气象科学领域踏上世界最高峰。

1957 年底，曾庆存作为公派留学生到苏联深造，师从国际著名气象学家苏联科学院通信院士基别尔。基别尔很欣赏这个勤奋的中国学生，把当时国

曾庆存（右）留苏期间的照片

曾庆存（左二）荣获第 61 届国际气象组织奖

曾庆存早年在办公室留影

际气象学未解的难题交给他：应用斜压大气动力学原始方程组做数值天气预报的研究。

这道难题有多难？通俗地说，这样的原始方程组，包含许多大气物理变量，又涉及运动过程，在当时的计算条件下，无异于一座横亘的高山。“他把这个题目给我时，所有师兄都反对，认为我不一定研究得出来，可能拿不到学位。导师不相信，还是让我选择了这个题目。”曾庆存说。

彼时，世界上虽已尝试用动力学方法做天气形势短期预报，但都做了很严重的简化，且结果仍达不到实用要求。因此，亟须在原始方程研究方面取得突破，使数值预报在天气预报中得到应用。基别尔也在研究原始方程，但他的研究开展了一半，碰到很大的困难，尚未完成。

曾庆存介绍，要用原始方程组进行数值天气预报，第一步要了解大气运动的规律，第二步要思考用何种计算方法。大气运动如此复杂，这意味着计算量也非常大，还必须保证计算的稳定性和时效性。“计算的速度必须追上天气变化的速度，否则没意义。雨已经下了，你才算出来要下雨，有什么用？”曾庆存说。

他在研究中发现，原始方程难以求解的一大重要原因就在于大气运动有不同的尺度，时刻都在变化，且包含风速、风向、温度、湿度和气压等各种天气变量，难以建立一套科学有效的稳定计算方法。曾庆存后来想：“何不化繁为简，按照大气运动过程的快慢，隐去一方，分别计算，再加以整合？”

那个年代，计算机在苏联也很稀缺。曾庆存每天只能在深夜使用计算机。于是，他白天用纸算，晚上带着纸条去计算机房，10000 多行程序，一条条验证。

1960 年 10 月的一天，已经在计算机上守候了两天两夜的曾庆存终于悟通了其关键所在。看到了成功的影子，心中无法抑制的喜悦催促他赶快把消息告诉导师。但连日的疲劳却击倒了身体一向孱弱的他，在去见导师的路上，他突发高热，昏倒在莫斯科的地铁站里。

“这个题目确实很困难，我是从导师的思想里面发现可能有一条路可行，经过不断努力，最后路就通了。”1961 年，曾庆存提出了“半隐式差分”方法，给出了世界上第一张用原始方程做预报的数值天气预报图。

这项成果立即在莫斯科世界气象中心应用，预报准确率前所未有地提升到了 61%。这一方法至今仍在气象预报中广泛应用。应用原始方程是一个划时代的进步，奠定了当今数值天气预报业务的基础。

1961 年，曾庆存毕业回国时，写下《自励》:“温室栽培二十年，雄心初立志驱前。男儿若个真英俊，攀上珠峰踏北边。”攀珠峰，即追求科学的最高峰。珠峰有“北坡难，南坡易”一说，“踏北边”除了寓意要“迎难而上”，还有何意？多年后，他如此解释：珠峰北边为中国领土，“踏北边”就是要“走中国道路”。

一辈子把“国家需要”放在首位

曾庆存把自己当成一块砖，国家哪里有需要，他就去哪里，研究就做到哪里。他的学术清单上，党和国家的需要，永远是第一选择，这是推动他深入研究的巨大动力。

曾庆存常说:“我一个贫家子弟，饭都吃不饱，国家培养我读书，国家需要我做什么，我就把什么做好。”

留学回国后，他被分配到中国科学院地球物理研究所气象研究室，集中精力研究大气和地球流体力学以及数值天气预报中的基础理论问题。

搞科研是“冷板凳”事业，他却乐在其中，常常在几平方米的宿舍里，一推公式就不分昼夜，顾不上吃饭、睡觉。“这在当时看来是十分抽象和脱离实际的，但后来证明这对数值预报进一步的发展极为重要。”他说。

数值天气预报，就是根据大气动力学原理建立一个描述天气演变过程的方程组，然后输入大气状态的初值和边界条件，用计算机数值求解，来预测未来天气。“找出气象变化的规律，然后用数学方法把它算出来。”曾庆存如此形容。

1969 年，为改变我国气象资料受制于人的局面，国家提出要做我国自己的气象卫星。

“当时我也不懂气象卫星，但是国家需要，我必须要关注。”就像求学时因国家需要而进入气象领域一样，曾庆存又一次服从国家需要，离开原来的研究领域，踏上了一条拓荒之路。

1972 年，5 位知名的留美华人科学家回国访问，曾庆存受邀参加了座谈。在座谈会上，中国第一个航空风洞设计者张捷迁介绍了美国气象卫星的发展趋势。听完后，曾庆存当场指出了他认为错误的地方，这让在场的科学家无不感到意外：“怎么在中国有人能听懂，而且还能指出其中的错误？”

后来，有关领导建议他将想法写成书内部发行。曾庆存做了进一步的理论深化和系统化。1974 年，《大气红外遥测原理》由科学出版社作为内部书籍出版，成为当时国际上第一本系统讲述卫星遥感定量理论的专著。曾庆存提出的“最佳信息层”等概念和方法、求解“遥感方程”的有效反演算法，都被世界各主要卫星数据处理和服务中心广泛应用。

那时，“遥感”和“遥测”混用，后来才分出“遥感”一词。“按现在的说法，我那本书属于‘遥感’的理论范围。”曾庆存介绍，当时人员初集，知识有限，参考文献资料奇缺，工作条件也艰苦，大家就边学习边工作，边出差调研边落实任务。

此外，他查到了能得到的绝大部分有关红外定量遥感方面的文献和材料，边读边思考这些文献和材料所述的方法是否正确和可用，再写出材料，刻印出来供大家研究讨论。

《大气红外遥测原理》在原理上有系统和严谨的阐发，还指出国外的一些提法和做法的错误。虽然为内部书籍，但不久即为国内外所知晓，那些原先提法有错误的专家都采用了他所提出的方法或采取了其他补救办法。“可是，也许是因为内部出版，也许由于一些部分写得过于理论化和严谨，也许还有外国人厚此薄彼的原因，似乎我的书很少被引用，尽管它至今仍是这方面最严谨的理论专著。”谈及此处，曾庆存流露出些许遗憾。

1979 年，他又出版了专著《数值天气预报的数学物理基础（第一卷）》。该书从动力学基本问题到基本方程组的数学适定性问题都加以研究，引起了国内外学者的极大重视。1981 年，日本《天气》杂志刊登了日本科学家对该书的评价，称该书：“正面引入气象力学的数学物理基础，这是世界首创；为构筑气象力学的学术基础，这样的工作必不可少，是气象学理论化极重要的篇章。”1982 年，美国著名气象学家斯马戈林斯基指出：“这卷书的出版对发展动力气象学文献有突出的贡献，将立于世界优秀名著之林……尽管科学发展很快，本书的选材、组织和给出的结果却具有持久的价值。”

1980 年，45 岁的曾庆存被选为中国科学院学部委员（院士），成为当时最年轻的学部委员之一。

“解读地球计划”为地球“做 CT”

天气能预报，气候也能吗？曾庆存回答：能！他认为，预测未来 1 个月、1 年，甚至几十年的气候，关系到国民经济建设方方面面，如夏季洪涝、冬季雾霾、农业规划、能源布局等，在全球气候变暖的背景下，气候预测愈显重要。

1984 年，曾庆存开始担任中国科学院大气物理研究所所长。在担任所长的 9 年时间中，他将研究所的发展与国家、学科的发展紧密联系，提出要办成“一个社会主义现代化的研究所，使其成为我国一个高水平的大气科学研究中心，对国内外开放，在世界大气科学发展中作出贡献”。

20 世纪 80 年代初，我国基础研究经费短缺。虽然大气科学在理论上不比国外差，但中国科学家缺少一个重要工具——高速计算机。曾庆存认为，要让大气研究走得更快，必须购置大型计算机。

“当时别人对此不理解。曾庆存就不断地往相关部门跑，不停地解释，终于获得了经费。但光有经费还不行，因为国外计算机对我国封锁。他托人从我国香港巧妙绕过国外封锁，引进了一台当时在国际上很先进的计算机。”中国科学院大气物理研究所研究员洪钟祥回忆。

“我们的计算机每秒百万次，人家是亿次，要追赶他们就好比毛驴追汽车。”中国科学院大气物理研究所的老同事回忆，“他就要追！一时没有‘汽车’，那就先换‘自行车’，总得咬着牙自己往前赶，哪怕当掉裤子也要买计算机！”在曾庆存担任所长的 9 年间，他带领中国科学院大气物理研究所建设了 2 个国家重点实验室，使中国科学院大气物理研究所成为国际知名的大气科学研究中心。

“我是地球系统模型的呐喊者。我曾在中国科学院学部大会上两次提出地球科学发展必须使用数值模拟的方法，算是最早提出这一观点的人。”经过半个多世纪对数值模式的持续研究，曾庆存敏锐地意识到，随着高性能计算机技术的迅猛发展，中国通过数值模拟手段，可以研究地球系统各圈层之间相互联系、相互作用的机制以及地球系统变化的规律和机制，将气候预测扩展到对于地球系统的整体模拟和预测。从 2007 年至今，曾庆存领导和参与了我国自主研制的地球系统动力学模式。

“近百年来，全球气候和环境变化问题日益严重。20 世纪 60 年代开始，国际科学界形成共识，要研究长期气候变化。然而，如何研究地球？几乎无法模拟出与真实环境完全一致的实验室条件，也就难以通过做实验的方式研究地球。”曾庆存说。

在他看来，大装置可以作为气候与环境领域的谈判依据，提高中国在国际上的发言权。“大装置能在一个范围内预测二氧化碳相关数据，比如每年减 1% 的排放量，气候会变成什么样？要减少多少二氧化碳？各国该怎么分担？算出来，你才有发言权。”2009 年，曾庆存同老一辈科学家萌生了建立中国自己的地球模拟器的想法。通过论证，“地球系统数值模拟装置”作为国家大科学装置之一被列入国家“十三五”规划。

作为地球系统数值模拟装置的倡导者和推进者，他风雨兼程、历经九载，在数百位科学家共同的努力下，地球系统数值模拟装置于2018年在北京市怀柔科学城破土动工。“解读地球计划”迈出至关重要的一步，中国可以自己为地球“做CT”。地球系统模拟装置为国家防灾减灾、应对气候变化、加强大气环境治理等重要方面提供了科学支撑，推动地球系统科学不同学科之间的交叉和融合，促进我国地球系统科学整体向国际一流水平跨越。

做学问也求美的“诗人院士”

季风时兮民康物阜，中华文化兮灿烂婀娜。继往开来兮中华学子，发扬我炎黄德智兮，永据科技之先河！

——曾庆存《帝舜（南风）歌考》（2005）

“南京市，古金陵，东南形胜，虎踞龙盘，物华天宝，人杰地灵。春初踏雪寻梅，暗香浮动，沁人心肺；夏日黄梅时雨，才了桑麻，水满禾田，一片蛙声；三秋天高气爽，金稻千里，桂子飘香；冬则雪皎气清，松竹犹荣。四季气象分明，人民安居乐业。”如诗般美丽的语言，这是曾庆存一篇学术论文的开头。

努力攀登科学珠峰之余，在艺术领域，曾庆存亦卓有所成，自幼时口占一诗至今，已作诗近千首，著有《华夏钟情》《风雨晴明》等诗集，被人们称为“诗人院士”。

法国作家福楼拜说：“艺术与科学总是在山脚下分手，最后又在山顶上相遇。”

“写诗虽受灵感冲动支配，但其意境的演变、发展过程以及表达，则是理性思维的范畴。”在曾庆存看来，做学问也是要讲求美的，“枯燥无味的学问不是好学问。”

作为一名气象科学家，曾庆存把风云变幻写进诗里。他以四季入诗，以节气入诗，以风、雪、雨、雷入诗。写风沙天气，“可怜桃李花开际，千里黄尘蔽日空”；写初冬寒潮，“恋枝黄叶忽稀疏，树动尘扬水不波”；写春季天气阴晴变化快，“桃花刚笑靥，杨穗又惊心”；写人工降雨试验成功，“诸葛佳谈传千古，东风今日始登坛。飞机撒药沉云滴，土炮轰雹化雨幡”。

曾庆存自称“非专业诗人”，写的大多是“不登大雅之堂的诗篇”。不过，他知道何以为诗——“诗言志”。他在诗中表达的“志”，是科学，是家国。在自己的诗集《华夏钟情》里，他自剖：这些诗篇，有“科学钻研心静寂”的宁静，有“华夏情钟腾热血”的激昂，有痛感在国际上蒙受不公正对待而“异国魂销难入梦”的悲愤，有发愤图强而“愚公有志垅山移”的决心。

中国科学院原党组副书记郭传杰则从曾庆存的诗歌和人生里，读出了“执着的爱国情结”和“纯正的科学良知”。

20 世纪 80 年代，我国基础研究处境艰难，中国科学院去各部门调研，听取科研人员的意见。调研的第一站是大气物理研究所，曾庆存当时刚挑起所长的大梁。调研组的郭传杰至今清晰地记得曾庆存的一番肺腑之言：“古人陶渊明，不为五斗米折腰。如果为自己，我也不会为几斗米去折这不高贵的腰。但现在我已经折得腰肌劳损了，而且还得折下去。因为我在主持大气物理研究所的工作，不能让先辈创立的这么优秀的研究所在我手上败下去。大气研究对国计民生非常重要，我们研究所虽然规模不大，但有一群爱研究的科学家。我们希望国家重视基础研究，让大家有一个可以安心做基础研究的环境。”

30 多年过去了，曾庆存说的每一个字仍然刻在郭传杰的脑海里。“虽然我不是曾庆存的学生，但我一直把他当作良师。”他说。

上念师恩，下启后学

“读书，继承而不为所囿。探索，创新而不为求奇。做学问，求真理大约就是这样。”曾庆存2004年书写的一幅题词，诠释了做学问的理念，也道出了他教书育人的追求。

“曾先生之所以受人敬仰，一是因为他崇高的人格魅力。曾先生从不计较个人名利，把科学报效祖国作为自己终生的奋斗目标和一贯的做人最高准则。二是他高深的学问、广博的学识和科研上敏锐的洞察力。三是严谨的治学态度。”曾庆存的一个学生在科学出版社2001年出版的《在鲜红的党旗下》一书中曾写道。

2019年12月30日，中国科学院大气物理研究所一间普通的会议室，座无虚席。无论提问者的位置距他有多远，曾庆存回答时都要转过身，迎着对方的目光。

有同学问他：“做科研必须具备的精神和品质是什么？”他答道：勇敢、严谨、坚韧。“不勇敢就不能创新，错失了‘正确的’萌芽；不严谨就会根据不足，为错误开了门户；不坚韧就可能达不到循此路本可达到的正确的地方。”他说，做学问要有崇高的理想，要有“为人民服务，为真理献身，具黄牛风格，如赛马奔腾”的品质，否则就搞不了科学事业，就成不了一个真正的科学工作者。

多年来，曾庆存为我国气象事业培养了一批又一批优秀研究生和学者，这些人中的大部分已成为我国大气科学研究和业务领域的骨干和顶尖人才，其中包括3位中国科学院院士、2位中国人民解放军少将、1位中国气象局副局长和不少学科带头人。他还为发展中国家培养了多位留学生，其中包括中国科学院培养的首位外籍博士古拉姆·拉索尔，其回国后任巴基斯坦国家气象局局长。

他的一位博士后说：“我们这些学生可不是挂名的，曾老师是真的在带我们，和我们一起提出问题、解决问题。”学生的论文经过曾庆存的修改，都会密密麻麻布满他亲笔修改的意见，甚至还有加页的情况。

曾庆存时常教导学生要甘坐“冷板凳”，要有“十年磨一剑”的精神。“坐冷板凳有什么不好？坐冷板凳是好事！意味着可以远离是非纷扰，静下心来，一心一意专注于科研。”他说，“中国要成为世界科技强国，必须有更多能耐得住寂寞、坐得住冷板凳的青年人投身科研事业。”

“曾先生对我们这些学生有爱心、父母心！”中山大学戴永久院士回忆说，“我还记得年轻时第一次出国，对于需要准备的各项事务，曾先生耐心地一一告诉我，反复叮咛。”

曾庆存说，这是在将恩师的精神薪火相传。对引领自己走上大气科学道路的中国气象学界一代宗师和奠基人——中国科学院院士谢义炳，他有着一份特殊的情感：“让我印象最深的是谢先生的爱国情怀、科学情怀和培养学生薪火相传的情怀。他教育我们说，应该多为国家想，多考虑气象预报业务工作。他爱生如子，大学毕业时，我因家贫极想尽早工作好孝敬双亲，恩师得知后按期给我家寄钱，消除我的后顾之忧，让我能安心继续读书。”

时至今日，曾庆存仍如黄牛一样，奔波在科研一线，他说：“我们气象事业整体上是世界一流的，没必要自卑，不要自我否定，我希望搞研究的人也要很好地联系实际，除了向外国学习，也要向我国的气象人员学习，从实际中找出研究的问题。希望我国青年人很好地继承这个传统。我自己是一个气象科研领域的‘老战士’，愿意为真理、为人民、为国家、为党奉献一切。我希望我们后一辈也这么做。”

曾庆存

谈

科学家精神

——科学的大道确实不平坦，只有勇敢、坚毅，才能永远前进，攀上顶峰。同学们要认真学习，发挥中华民族刻苦钻研、善于思考的优良精神，将来为中国科学事业的发展作出贡献。

——人民的需要、国家的需要，是推动我深入研究的强大动力。

——当一名科学家，就要为国、为民、为科学。如果不为这些，就一定搞不好。

——平常像老黄牛一样踏实科研、好好积累，当国家和人民用你的时候，就像赛马一样向前冲。

——既要有办大事的志向，又要有实事求是的精神。看准了方向而且客观条件具备是可以跨越前进的。但在具体阶段上，在大多数情况下，则必须一步一个脚印，稳步前进，不能单凭主观设想，不能浮躁。要尊重发展的科学性，否则可能欲速则不达。

——天塌下来，你要撑得起。跌倒算什么，我们骨头硬，爬起来再前进。

医者仁心

YIZHE RENXIN PIAN 篇

实践证明，我国自主创新事业是大有可为的！我国广大科技工作者是大有作为的！我国广大科技工作者要以与时俱进的精神、革故鼎新的勇气、坚忍不拔的定力，面向世界科技前沿、面向经济主战场、面向国家重大需求、面向人民生命健康，把握大势、抢占先机，直面问题、迎难而上，肩负起时代赋予的重任，努力实现高水平科技自立自强！

——2021 年 5 月 28 日，习近平总书记在中国科学院第二十次院士大会、中国工程院第十五次院士大会、中国科协第十次全国代表大会上的讲话

“青蒿素是人类征服疟疾进程中的一小步，是中国传统医药献给世界的一份礼物。”2015 年 10 月 5 日，中国女药学家屠呦呦荣获诺贝尔生理学或医学奖。这是中国医学界迄今为止获得的最高奖项，也是中医药成果获得的最高奖项。颁奖词中写明了她的获奖原因：青蒿素，一种可以有效降低疟疾患者死亡率的药物。

对于现在的中国人来说，疟疾已经是一种只存在于书中和新闻里的疾病，我们多年没有见过它。2021 年 6 月 30 日，世界卫生组织也正式发布新闻公报宣布中国获得“消除疟疾认证”。公报称，中国疟疾感染病例由 20 世纪 40 年代的 3000 万例减少至零，是一项“了不起的壮举”。

2022 年 4 月 25 日，世界防治疟疾日。习近平总书记向青蒿素问世 50 周年暨助力共建人类卫生健康共同体国际论坛致贺信，强调中国愿同国际社会一道，密切公共卫生领域交流合作，携手应对全球性威胁和挑战，推动共建人类卫生健康共同体，为维护各国人民健康作出更大贡献。

“中国小草”拯救了全球数百万人的生命，青蒿素的诞生正是中国科技工作者加快医药领域科技创新，助力共建人类卫生健康共同体的缩影。

基础医学和生物学是现代医学的基础，党的十八大以来，从成功破译飞蝗全基因组序列图谱并揭示其奥秘，到成功培育出世界首个体细胞克隆猴，开启以猕猴作为实验动物模型的时代；从创建世界首例人造单染色体真核细胞，为研究人类细胞衰老等问题提供模型，到世界首例长寿基因编辑猴模型诞生；从编制中国人自己的癌症“信息图”，到全球首创以 EV71 型疫苗预防重症手足口病。我国基础医学研究在基因组学、转化医学、系统生物学和整合医学以及与其他学科交叉方面都取得了一系列重要进展，同时，技术革新、学科融合推动脑科学、免疫学、再生医学、人工智能医疗等领域取得多个里程碑式进步。

继 2016 年度国家最高科学技术奖颁发给屠呦呦后，2017 年度国家最高科学技术奖再次颁发给另外一位阻击传染病战场上的“老将”侯云德。作为我国分子病毒学和基因工程药物的主要奠基人，侯云德主导建立了举国体制协同创新的传染病综合防控技术体系，成功应对了近 10 年来国内和国际数次重大传染病疫情。

“疫情防控要向科学要答案、要方法。”近 20 年，人类遭受了 3 次由冠状病毒引发的重大疫情，每一次，中国的科技工作者都挺身而出，在与病毒的“交战”中发挥不可替代的重要作用。尤其是在新冠肺炎疫情防控中，科技界为党和政府科学应对疫情提供了科技和决策支撑。成功分离出新冠病毒毒株，完成病毒基因组测序，开发一批临床救治药物、检测设备和试剂，研发应用多款疫苗。科技在控制传染、疾病救治、疫苗和药物研发、复工复产等方面提供了有力支撑，打了一场成功的科技抗疫战。

时间回到 2020 年，面对突如其来的新冠肺炎疫情，我国的科学工作者开始了一场与病毒的赛跑。1 月 7 日，中国疾病预防控制中心成功分离新冠病毒毒株。1 月 12 日，中国疾病预防控制中心、中国医学科学院、中国科学院武汉病毒所就通过全球流感共享数据库发布了新冠病毒的基因组序列信息，为新冠肺炎的治疗药物和疫苗研发提供关键支撑。3 个月后，首批新冠病毒灭活疫苗获准开展临床试验。

这正是中国医学科技厚积薄发，解决急迫、重大需求的例证。在国家自然科学基金委原主任、中国科学院院士杨卫看来，近年来我国重大传染病基础研究的进展呈现了最直观的变化：“2003 年非典时，最早的病毒基因测序、病毒解析，都不是我们做的。后来在抗击禽流感、埃博拉中，我们的基础研究工作迅速跟进，在这次的新冠病毒研究中，从测序到冠状病毒结构解析，我们做了大量及时的工作，不仅为疫情防控提供依据，也为世界同行贡献了宝贵数据。”

2021 年 2 月，科技部高技术研究发展中心（基础研究管理中心）发布 2020 年度中国科学十大进展。“嫦娥五号”首次实现月面自动采样返回、“奋斗者号”创造中国载人深潜新纪录等 10 项重大科学进展，从 31 项候选进展中脱颖而出。其中，我国科学家积极应对新冠肺炎疫情取得的突出进展排在首位。

时至今日，对新冠病毒的研究，不仅关乎基础科学认知，更关系到疫情防控实效与社会公共卫生状况。清华大学娄智勇、饶子和与上海科技大学高岩等发现并重构了病毒“加帽中间态复合体”、“mRNA加帽复合体”和“错配校正复合体”，并阐明其工作机制，揭示新冠病毒逃逸抗病毒药物机制，为发展新型、安全的广谱抗病毒药物提供了全新靶点。这一成果入选2021年度中国科学十大进展。

物有甘苦，尝之者识；道有夷险，履之者知。科研路上没有坦途，每一项医学科技成就的取得，每一款疫苗的上市，都是广大科学工作者胸怀祖国、矢志创新、不畏艰难、勇攀高峰的科学精神的现实表现。

屠呦呦在诺贝尔颁奖典礼上发表演讲时，提及了研发青蒿素过程中的种种艰辛：“我们曾用水缸作为青蒿素的提取容器。由于缺乏通风设备，又接触大量有机溶剂，导致一些科研人员的身体健康受到了影响。”这些科研人员中，便包括了屠呦呦。

2019年1月，英国广播公司（BBC）发起“20世纪传奇人物”评选活动。屠呦呦与居里夫人、爱因斯坦、图灵一道，成为科学领域的候选人。她是入选的科学家中唯一的亚洲面孔，也是科学领域唯一在世的候选人。屠呦呦入选的三大理由是：在艰难时刻仍然秉持科学理想；砥砺前行亦不忘回望过去；她的成就跨越东西。

包括屠呦呦在内，获得国家最高科学技术奖的5位医学科技工作者，无一不是践行科学家精神的楷模：“中国肝胆外科之父”吴孟超，就像一匹不知疲倦的老马，把病人一个一个驮过河，他说，“只要我活着一天，就要和肝癌战斗一天”；“神经外科第一刀”王忠诚，从医60年，成为全球唯一一位完成逾万例开颅手术的医生，这个数字曾被国外同行误以为多写了一个零；“癌症诱导分化之父”王振义，取得了一系列具有国际影响的科研成果，为国家培养了一批优秀的血液学专业人才，至今仍工作在医、教、研第一线；“中国干扰素之父”侯云德，孜孜不倦探索病毒世界之谜，在生命科学多个领域数开先河，用毕生所学筑牢突发传染病防控的高墙，被誉为病毒“火山口”上的守护者。

2021 年 5 月，在中国科学院第二十次院士大会、中国工程院第十五次院士大会、中国科协第十次全国代表大会上，习近平总书记指出：“我国广大科技工作者要以与时俱进的精神、革故鼎新的勇气、坚忍不拔的定力，面向世界科技前沿、面向经济主战场、面向国家重大需求、面向人民生命健康，把握大势、抢占先机，直面问题、迎难而上，肩负起时代赋予的重任，努力实现高水平科技自立自强！”

“面向人民生命健康”的新使命意味着科技事业发展添了新方向、新坐标，这必将鼓励和鞭策更多医学科技工作者勇攀高峰，增强科技创新能力，促进医学科技创新成果更多更好地惠及民生，让科技为人民生命健康保驾护航；也必将推动生物医药、生命健康相关科学研究迈上新台阶，并进一步夯实人民幸福生活的健康基础。

屠呦呦：把青蒿素『做透』

屠呦呦，药学家。1930年出生于浙江省宁波市，1951年考入北京医学院药学系，1955年进入中国中医研究院中药研究所工作。现为中国中医科学院首席科学家、终身研究员兼首席研究员，青蒿素研究开发中心主任。

60多年来，她致力于中医药研究实践，带领团队攻坚克难，研究发现了青蒿素，并按国家药品新规，将青蒿素开发为我国实施新药审批办法以来第一种新药，解决了抗疟治疗失效难题，为中医药科技创新和人类健康事业作出巨大贡献。

1979年，屠呦呦获得国家发明奖二等奖；2015年获诺贝尔生理学或医学奖，成为第一位获诺贝尔科学奖项的中国本土科学家；2016年获“感动中国”2015年度人物；2017年1月获2016年度国家最高科学技术奖；2018年，被授予“改革先锋”称号，并获颁奖章；2019年5月，入选福布斯“中国科技女性榜”；2019年9月，荣获“共和国勋章”；2020年入选《时代周刊》（*Time*）“100位最具影响力女性人物榜”。

屠呦呦

2015年10月5日晚间，85岁的中国中医科学院中药研究所研究员屠呦呦，在北京家中通过电视得知自己摘取诺贝尔奖的消息。

当日，瑞典卡罗林斯卡学院在斯德哥尔摩宣布，将2015年诺贝尔生理学或医学奖授予中国女药学家屠呦呦，以及另外两位科学家威廉姆·坎贝尔和大村智，表彰他们在寄生虫疾病治疗研究方面取得的成就。

这是中国科学家首次以在中国本土进行的科学研究而获得诺贝尔科学奖项，是中国医学界迄今为止获得的最高奖项，也是中医药成果获得的最高奖项。

次日，面对蜂拥而至的媒体，屠呦呦一字一句地念出了手写的获奖感言："作为一名科学工作者，获得诺贝尔奖是个很高的荣誉。青蒿素研究获奖是当年研究团队集体攻关的结果，是中国科学家集体的荣誉，也标志中医研究科学得到国际科学界的高度关注和认可，这是中国的骄傲，也是中国科学家的骄傲。"

从病弱少女到北大医学生

"只要她喜欢的事情，就会努力去做。"屠呦呦的高中同班同学陈效中说。

屠呦呦的名字出自《诗经·小雅·鹿鸣》中的一句"呦呦鹿鸣，食野之蒿"。宋代朱熹注称，"蒿即青蒿也"。名字是父亲屠濂规起的，当时，没有人预料得到，诗句中的一株野草会成为这个女孩子一生的注脚。

1930年底，屠呦呦出生在浙江省宁波市。她是屠家的第四个孩子，也是唯一的女儿。屠家是书香门第，楼顶专门开辟了小阁楼存放书籍，里面不乏《黄帝内经》《神农本草经》等中国传统医学典籍。这片小天地也是屠呦呦小时候最喜欢去的地方。中医药的书籍和书中的小插图，让屠呦呦受到了药学的启蒙。

父亲屠濂规常年在上海的银行工作，母亲姚仲千带着 11 岁的女儿住进外公外婆家，屠呦呦在姚宅度过了青少年时期。姚家人脉茂盛，屠呦呦的舅舅姚庆三是著名经济学家，曾任甬港经济联谊会会长。

1946 年，屠呦呦因严重的肺结核不得不中断学业，在家养病。

这段经历，在屠呦呦看来，正是自己对医药学产生兴趣的起源。“医药的作用很神奇，我当时就想，如果我学会了，不仅可以让自己远离病痛，还可以救治更多人，何乐而不为呢？”

1948 年，病情好转的屠呦呦进入宁波私立效实中学就读高中，两年后转至宁波中学读高三。这两所学校都是当地的知名高中，效实中学曾经培育过 10 多名院士。

1951 年夏末，屠呦呦接到了北京大学医学院（现为北京大学医学部）寄来的录取通知书。在那个年代，身为女孩能够在接受完高中教育后继续读大学，屠呦呦觉得自己很幸运。她选择了当时极为冷门的药学系生药专业作为第一志愿，在她看来，生药专业最可能近距离探索具有悠久历史的中医药领域，符合自己的志趣和理想。当时，国内开设药学系的大学寥寥无几，北京大学医学院药学系是其中翘楚。在 4 年大学期间，屠呦呦努力学习，取得了优异成绩。在专业课程中，她尤其对植物化学、本草学和植物分类学有着极大的兴趣。

屠呦呦至今还保存着一张拍摄于 1952 年的照片，当时院系调整，北京大学医学院即将独立为北京医学院。为了纪念北京大学学生身份，屠呦呦决定拍照留念。照片中，22 岁的屠呦呦佩戴着北京大学的校徽，青春飞扬，笑容璀璨，照片旁有她亲笔题下的备注：佩戴北京大学校徽的大学生。

“只要她喜欢的事情，就会努力去做。”屠呦呦的高中同班同学陈效中是清华大学的教授，与屠呦呦丈夫李廷钊是初中同学。后来大家都考到了北京，两家人经常走动。他在接受媒体采访时回忆，屠呦呦是从效实中学转到宁波中学的，这个闷声不响的姑娘经常上完课就回家，成绩也在中上游，并不拔尖，却有一股拼劲。

“屠呦呦，优秀、安静，是个好学生，聪慧、灵巧，不仅读书好，品格也好。”时隔多年，屠呦呦在宁波中学的生活辅导主任徐季子先生对她还是印象深刻，认为她不是一个捧着书本死板读书的人，本身就有学习上的天赋。

2015 年，在屠呦呦获得诺贝尔奖之后，宁波中学校史馆内，专门开辟了屠呦呦陈列室，主题为“鹿鸣呦呦，韶华悠悠”，意指屠呦呦低调做事，一生执着，将大半辈子奉献给了科研。此前不久，面对前来拜访的宁波中学的校领导和教师代表，屠呦呦特别表示，不要将她所有的资料公开，希望能够低调处理，并希望她获得诺贝尔奖这件事能够激励母校的年轻人。

2017 年 5 月，北京大学迎来 120 周年校庆，屠呦呦向母校发来贺信。信中写道：“半个多世纪以前，作为一名普通学生，我在这里吸取知识，明晓事理，母校的教育使我受益终身。”

为提取青蒿素，实验 191 次

在屠呦呦看来，青蒿素及其衍生物的研制成功，是当年研究团队集体攻关的成绩：“青蒿素是人类征服疟疾进程中的一小步，是传统中医药送给世界人民的礼物。”

从北京大学医学院毕业之后，屠呦呦被分配到中医研究院中药研究所工作。在这里，她参加西医学习中医班，系统学习了中医药知识。

化学家路易·帕斯特曾经说过，“机会垂青有准备的人”。在屠呦呦看来，“当抗疟项目给我机遇的时候，西学中的序曲为我从事青蒿素研究提供了良好的准备”。

众所周知，疟疾是危害人类最严重的疾病之一。1969 年，越南战争陷入

1951 年，屠呦呦（右）与老师楼之岑副教授一起做研究

工作中的屠呦呦

拉锯，在炎热的东南亚战场上，肆虐的疟疾对原先仅起到抑制作用的奎宁产生了抗药性，因疟疾而死亡的士兵是战争死亡人数的 5 倍。越南方面向中国求助，而此时，疟疾疫情同样也困扰着我国。

在这样的历史背景下，全国 60 多家科研单位、500 多名科研人员组成的科研集体，悄悄开始了一项代号为“523”的特殊使命，研究指向防治疟疾的新药。

屠呦呦所在的中医研究院中药研究所接受“523”任务，凭借着扎实的中西医知识功底与广受认可的出色科研能力，当时在研究所担任研究员的屠呦呦被任命为组长。临危受命，39 岁的她开始了从中医药中寻找抗疟新药的艰难历程。

如果说学科交叉为研究发展的成功提供了准备，那么，信息收集、准确解析则为研究发现成功奠定了基础。接受任务后，屠呦呦收集整理历代中医药典籍，走访名老中医并收集他们用于防治疟疾的方剂和中药，同时调阅大量民间方药，在汇集了包括植物、动物、矿物等为原料的 2000 余内服、外用方药的基础上，编写了以 640 种中药为主的《疟疾单验方集》。她总结说，正是这些信息的收集和解析铸就了青蒿素发现的基础，这也是中药新药研究有别于一般植物药研发的地方。

在《疟疾单验方集》的 640 种中药中，也包含了青蒿，然而，青蒿的抗疟表现并不好，一度被研究者们排除，研究陷入停滞。屠呦呦只好埋下头去，重新温习中医古籍，进一步思考东晋葛洪《肘后备急方》有关“青蒿一握，以水二升渍，绞取汁，尽服之”的截疟记载。这使她联想到提取过程可能需要避免高温，由此她改用低沸点溶剂的提取方法。

实验过程繁复而冗长。1971 年 10 月，在 190 次失败后，191 号青蒿乙醚中性提取物样品抗疟实验的最后结果出炉——对疟原虫的抑制率达到 100%。1972 年 3 月，全国“523”办公室在南京召开抗疟药物专业会议，屠呦呦在会上报告了青蒿乙醚中性粗提物的鼠疟、猴疟抑制率达 100% 的结果。同年 11 月，在北京召开的全国会议上，屠呦呦报告了 30 例临床全部显效的结果。从此，拉开了青蒿抗疟研究全国大协作的序幕。

“屠呦呦对科学的追求有着超乎常人的执着，她是我们这一代科学家的佼佼者。”屠呦呦在中医研究院中药研究所的老同事廖福龙感慨，当年，国家正值艰难时期，以屠呦呦为代表的科学家们完全凭借着对国家、对人民的一腔热爱和对科学事业的执着追求，勇于发现，勇于创新，这是最令人感佩的地方。

屠呦呦回忆，特殊年代，条件艰苦，为供应足够的青蒿有效部位用于临床，她和科研团队成员曾用水缸作为提取容器。由于缺乏通风设备，又接触大量有机溶剂，导致一些科研人员的身体健康受到了影响，屠呦呦一度患上中毒性肝炎。为了尽快上临床，在动物安全性评价的基础上，她和科研团队成员曾经以身试药，以确保临床病人的安全。

1978 年，屠呦呦领导的中医研究院中药所“523”研究组受到全国科学大会的表彰。

1979 年，“抗疟新药青蒿素”荣获国家发明奖二等奖。

1981 年，世界卫生组织、世界银行、联合国计划开发署在北京联合召开疟疾化疗科学工作组第四次会议，屠呦呦的报告《青蒿素的化学研究》引发强烈反响。之后，青蒿素药物走出国门，在全世界被广泛应用。

2004 年 5 月，世界卫生组织正式将青蒿素复方药物列为治疗疟疾的首选药物。

“青蒿素是人类征服疟疾进程中的一小步，是传统中医药送给世界人民的礼物。”每次面对公众和媒体，屠呦呦都会谈到团结协作的力量，“没有大家无私合作的团队精神，我们不可能在短期内将青蒿素贡献给世界。”

诺贝尔生理学或医学奖中国第一人

屠呦呦喜获诺贝尔奖后，中国工程院院士、中国中医科学院院长张伯礼写下《浪淘沙·诺奖》：“诺奖落京东，青蒿素名。良药治疟救苍生。百般艰辛实验难，医典启明。协作会战兴，递补相竞。古方须赖科技成。埋头干事何顾它，呦呦晚鸣！”

“恭喜屠呦呦，恭喜中国！”

2015年10月5日，瑞典卡罗林斯卡学院宣布将诺贝尔生理学或医学奖授予中国中医科学院研究员屠呦呦，以及另外两位外国科学家。评委这样评价她对世界的贡献：“众所周知，早在1700年前，这种含有青蒿素的草药对治疗发热具有疗效。但是屠呦呦发现并进一步阐明草药或者其中的部分成分是具有生物活性的。这在医学领域是一个巨大的转变，也使得青蒿素可以大规模生产。”

一时间，各大新闻网站、朋友圈都被这位85岁的老太太刷屏了。面对如潮水般涌来的掌声和赞美，屠呦呦出人意料地平静，她和到访的记者说：“做了一辈子中医药，今天我只希望青蒿素能够物尽其用，也希望有新的激励机制，让中医药产生更多有价值的成果，更好地发挥其护佑人类健康的作用，这便是我最大的心愿了。”

“中医药是个伟大的宝库，但也不是捡来就可以用的，还是需要创新，需要继承与发扬。”采访中，屠呦呦一直强调，科研成果能否获得世界公认，不是靠期待和愿望，而是需要创新和发现。她推荐了两本书，一本是她编著的《青蒿及青蒿素类药物》，这是一部系统阐述青蒿素的发现和发展历程的专著，另一本是《20世纪中国知名科学家学术成就概览》。她说，科学研究需要实事求是，不能追名逐利，国家需要什么，就要努力去做什么，好好搞医学研究，最终解决问题、造福人类就好。

这是中国本土科学家第一次登上诺贝尔奖的世界舞台。

1982 年 10 月，屠呦呦参加国家科学技术奖励大会并领取证书及奖状

2015 年 10 月，屠呦呦接受采访

2015 年 12 月 4 日，屠呦呦乘坐国航 CA911 航班前往瑞典领奖，为了避开过多的领导与记者送行，她选择一个人走普通通道。2015 年 12 月 10 日，在瑞典斯德哥尔摩音乐厅举行的诺贝尔奖颁奖仪式上，屠呦呦身着亮紫色长套裙，看起来精神矍铄。当她从瑞典国王卡尔十六世·古斯塔夫手中接过诺贝尔奖证书、奖章和奖金时，全场嘉宾起立致敬，现场回荡着持久的热烈掌声。

在瑞典卡罗林斯卡学院发表《青蒿素的发现：中国传统医学对世界的礼物》的主题演讲时，屠呦呦引用了毛泽东主席的话："中国医药学是一个伟大的宝库，应当努力发掘，加以提高。"她说："青蒿素正是从这一宝库中发掘出来的。通过抗疟药青蒿素的研究经历，深感中西医药各有所长，二者有机结合，优势互补，当具有更大的开发潜力和良好的发展前景。"

"屠教授获奖，是我国科学界特别是中医药界的幸事。"对于屠呦呦的获奖，国内学者都颇感兴奋。北京大学生命科学学院教授饶毅认为，中国和世界对屠呦呦的肯定，有利于让人们进一步认识中医药是"尚未充分开发的宝库"，将促进外界更好地认识中药的潜力。中国工程院院士、中国中医科学院院长张伯礼写下《浪淘沙·诺奖》："诺奖落京东，青蒿素名。良药治疟救苍生。百般艰辛实验难，医典启明。协作会战兴，递补相竞。古方须赖科技成。埋头干事何顾它，呦呦晚鸣！"

一直以来，社会上对青蒿素的研发都有争议，认为其与中医药研究关系并不大。对此，张伯礼院士表示，中医药拥有几千年的历史，是老祖宗留下的宝库，其中许多东西都值得深入挖掘。但是它毕竟是几千年前留下的东西，而现代中医药也要有当代科技水平的体现。因此，中医药目前的研究方向和策略，就是把中医药的精华拿出来，巧妙结合现代科学技术进行创新，"中医原创思维和经验结合现代科技就会产生原创性的成果，青蒿素的研发成功就是遵循这条路径"。

步履不停，探索未止

年过九旬的屠呦呦始终惦记的，还是青蒿素。“执着，对青蒿素特别执着。她这辈子就做青蒿素，一说青蒿素眼睛就亮。”中国中医科学院原院长曹洪欣说。

更多的荣誉接踵而至。

2016 年，为弘扬屠呦呦的学术思想和科学成就，国家天文台将编号为“31230”的小行星命名为“屠呦呦星”。

2017 年，屠呦呦从习近平总书记手中接过 2016 年度国家最高科学技术奖的证书，成为我国获得国家最高科学技术奖的首位女性科学家。

2019 年 1 月，英国 BBC 发起“20 世纪传奇人物”评选，凭借着“在艰难时刻仍然秉持科学理想，砥砺前行亦不忘回望过去，她的成就跨越东西”的入选理由，屠呦呦成为 28 位候选人中唯一的亚洲女性，也是科学领域唯一的在世候选人，与爱因斯坦、图灵和居里夫人并列。

尽管名字已经近乎家喻户晓，但屠呦呦依然保持着低调，不愿意成为被关注的中心。2019 年，“共和国勋章”颁发人选公示前，面对前来征求意见的评选组，屠呦呦反复确认：“这么重要的荣誉，我够格吗？组织上同意吗？”

“得奖之后会怎么样？我从来没有考虑过，也不太感兴趣。”正如她和记者反复强调的，她惦记的唯有青蒿素。她说：“我感觉自己的工作还没有做完，（青蒿素）耐药性问题已经出现，我关心的是这个问题。”

2019 年 4 月，国际著名医学期刊《新英格兰医学杂志》发表了以中国中医科学院中药研究所青蒿素研究中心王继刚研究员为第一作者，由屠呦呦研究员指导完成的，有关“青蒿素抗药性”的合理应对方案研究的文章，该研究揭示了青蒿素不易产生抗药性的原因，提出了切实可行的应对青蒿素抗药性的合理方案。“这是迄今为止中医药学科领域成果发表的具有最高影响因子的文章。”中国中医科学院中药研究所所长陈士林说。

对此，张伯礼院士评价说：“青蒿素的研究进展也告诉我们，科学研究永无止境，不但要甘坐冷板凳、进行艰苦研究，出了成果还要持续跟踪、不断拓宽和深入，不断关注新出现的问题，并立足解决问题，开展新的研究。”

尽管年事已高，身体也不好，但年过九旬的屠呦呦依然没有停下研发青蒿素的脚步——她会定期听取中国中医科学院青蒿素研究中心的工作计划汇报并即时指导，日常也喜欢翻阅专业报刊、上网查阅跟踪最新学术进展。如今，屠呦呦团队在“青蒿素抗药性”研究获新突破的同时，在“青蒿素治疗红斑狼疮等适应证”“传统中医药科研论著走出去”等方面也取得了新进展。

“中国医药学是一个伟大宝库，青蒿素正是从这一宝库中发掘出来的。未来我们要把青蒿素研发做透，把论文变成药，让药治得了病，让青蒿素更好地造福人类。”屠呦呦说。

“执着，对青蒿素特别执着。她这辈子就做青蒿素，一说青蒿素眼睛就亮。”中国中医科学院原院长曹洪欣将屠呦呦几十年如一日的刻苦钻研归结为3种精神：爱国敬业、传承创新、敢为人先的科学精神；不懈奋斗、勇于钻研的“钉子精神”；无私奉献、淡泊名利的“烛光精神”。

2021年5月，屠呦呦宁波旧居入选浙江首批中国科协“科学家精神培育基地”。屠呦呦的精神，以实物、图片和视频资料等多种方式，正激励和鼓舞着新一代年轻人。

屠呦呦

谈

科学家
精　神

——对于中医药研究来说，药的关键是客观疗效。青年科学家在研究工作中应该深入地抓住“科学性”，要做出“结果”来。青年科学家应该青出于蓝、胜于蓝。

——现代科学在不断发展，在继承传统中医药方面，我们应该取长补短。要解决疗效，要能给人治病，那么，其中的机理要深入研究，机理清楚了药才能物尽其用。

—— 一个科研的成功不会很轻易，要做艰苦的努力，要坚持不懈、反复实践，关键是要有信心、有决心来把这个任务完成。科学研究不是为了争名争利，科技工作者要去掉浮躁，脚踏实地！

侯云德：守住病毒『火山口』

侯云德，我国生物医学领域杰出的战略科学家，我国分子病毒学和基因工程药物的开拓者，我国现代医药生物技术产业和现代传染病综合防控技术体系的主要奠基人。1929 年 7 月生于江苏省常州市，1955 年毕业于同济大学医学院，1958 年赴苏联医学科学院伊凡诺夫斯基病毒学研究所留学，获医学博士学位（破格），1962 年归国。历任中国医学科学院病毒学研究所所长，3 届国家高技术研究发展计划（863 计划）生物技术领域专家委员会首席科学家，中国工程院医药卫生学部主任、副院长等职务。

作为我国分子病毒学、现代医药生物技术产业和传染病防控技术体系的主要奠基人，他成功研制了我国首个基因工程创新药物——重组人干扰素 α1b 等 8 种基因工程药物，主导的甲型 H1N1 流感预防控制的技术应对和科技攻关实现了人类历史上对流感大流行的首次成功干预，并获得国际公认。

侯云德于 1994 年当选中国工程院院士。1994 年获何梁何利基金科学与技术进步奖；1996 年获中国医学科学奖；2018 年 1 月获 2017 年度国家最高科学技术奖。曾获国家科技进步奖一等奖 2 项、二等奖 7 项，国家自然科学奖二等奖 2 项，国家发明奖三等奖 1 项，卫生部科技成果一等奖 10 项。

侯云德院士

在新冠病毒全球肆虐、国内抗疫依然面临严峻考验之际，鲐背之年仍镇守在中国传染病健康防线的“老将”——中国工程院院士、国家最高科学技术奖得主侯云德再度引起人们关注。

侯云德，“中国干扰素之父”，我国分子病毒学和基因工程药物的开拓者、我国现代传染病综合防控技术体系的主要奠基人。2003年非典型性肺炎（SARS）暴发期间，他在国际上首先发现干扰素对控制SARS冠状病毒传播有效，干扰素α2b后被批准为SARS储备药物，为我国抗击SARS作出了重要贡献。

2009年甲型H1N1流感大流行期间，作为联防联控机制专家委员会主任，时年80岁的侯云德与全国著名科学家一起，在人类历史上首次对流感大流行的人为干预获得成功，并获得国际公认。

2020年初，新冠肺炎疫情暴发之初，在暂缺特效药与疫苗的情况下，侯云德参与研发的α干扰素喷雾剂被国家卫健委发布的《新型冠状病毒感染的肺炎诊疗方案》推荐为抗病毒治疗的试用药物，在全国战疫中发挥了重要作用。

自79岁扛起“艾滋病和病毒性肝炎等重大传染病防治”科技重大专项技术总师的大旗，侯云德就将晚年所有的精力投身其中，在与传染病对抗的战场上不曾后退半步。他说：“为了民生，科学家就该站在斗争最前列。”

“这个叫侯云德的年轻人是谁？”

1961年，侯云德首次发现了“仙台病毒”可使单层细胞发生融合的现象，成为国际上最早发现细胞融合的科学家之一。围绕这些发现，侯云德在留学苏联期间发表了17篇论文。苏联《病毒学杂志》的编辑好奇地问：“这个叫侯云德的年轻人是谁？”

2018 年 1 月 8 日，在北京人民大会堂举行的 2017 年度国家科学技术奖励大会，与病毒“斗”了一辈子的侯云德摘得国家最高科学技术奖桂冠。

侯云德是谁？因为之前鲜少在媒体上露面，侯云德称得上是默默无闻。在他获奖的消息发布后，不少人都发出了好奇的一问。

60 多年前，有人问出同样的问题。在苏联留学的 3 年多时间里，侯云德连续发表了 17 篇论文。苏联《病毒学杂志》编辑好奇不已，特意跑来研究所询问：“这个叫侯云德的年轻人是谁？”

时间回溯到 1958 年，我国的医学病毒学研究刚刚起步，麻疹、脊髓灰质炎、流行性乙型脑炎等病毒性疾病，严重地危害着人民的生命健康。当时，中国迫切需要一批从事病毒学研究的高级人才，为国家流行的重要病毒病的诊断、预防和控制开展科技攻关。作为新中国成立后首批被选派留苏的人才，29 岁的侯云德来到莫斯科，在苏联医学科学院伊凡诺夫斯基病毒学研究所专攻病毒学。

“国家信任我，提供条件让我学习，我要尽自己最大的努力回报祖国。”重责在肩，青年侯云德夜以继日地刻苦钻研，常常工作到深夜，几乎每天都是全研究所最后一个离开的人。久而久之，门卫干脆把实验室的钥匙交给他。

坚持不懈的努力，使得侯云德迅速成长为病毒领域的专家。研究所的同事们都十分钦佩这位吃苦耐劳、勤奋好学的中国留学生，遇到问题也常常来请教他。

有一天，研究所发生了一件奇怪的事情。动物房里的小白鼠一下子全死光了，症状陌生，原因不明。在反复求证无果的情况下，研究所的一位负责人抱着试一试的想法，找到了当时还在读副博士的侯云德，请他来查找“真凶”。

一遍遍查找文献，层层抽丝剥茧，侯云德将“仙台病毒”列为重点怀疑对象。这种病毒是乙型副“流感病毒”的一种，最早在日本仙台一个实验室里分离出来，故而得名。他找到小鼠样本，反复尝试，最终在实验室里成功分离出了病毒。不止于此，通过深入研究，他还首次证明“仙台病毒”对人有致病性，并在 1961 年更进一步地发现了“仙台病毒”可使单层细胞发生融合的现象，成为国际上最早发现细胞融合的科学家之一，并阐明了机制。

围绕这些发现，侯云德在留苏期间发表了 17 篇论文。鉴于他的优异表现，苏联高等教育部于 1962 年破例越过副博士学位，直接授予侯云德苏联医学科学博士学位。这在伊凡诺夫斯基病毒研究所几十年的历史上，前所未有。

“侯云德博士是我从事科研工作 30 年来遇到的唯一一位如此优秀的科学家，这不仅是我的骄傲，也是病毒所的荣誉。”在庆祝侯云德荣获博士学位的宴会上，他的导师戈尔布诺娃激动不已。

推动干扰素“平民化”

1982 年，53 岁的侯云德首次克隆出具有我国自主知识产权、具有中国人抗病毒反应优势的人 α1b 型干扰素基因，并成功研发出独创的国家 I 类新药产品重组人干扰素 α1b。侯云德常说：“‘Me too，me better’，我们不能两眼不看世界前沿，只顾埋头搞研究。在研究上要做到别人有的我们要有，还要更好。”他和团队做到了。

“认识世界的目的在于改造世界”，马克思著作《关于费尔巴哈的提纲》中的这句话，侯云德常常挂在嘴边，几乎成了他一生的座右铭。在他看来，学习病毒学的目的就是要预防和控制病毒病，为人类作出贡献。

1962 年，侯云德学成归国，在中国医学科学院病毒学研究所，他全身心地投入到呼吸道病毒感染的基础研究中，在国内首次分离了一系列副流感病毒，揭示了其传播规律，首次以严格的科学方法证明了中药黄芪可预防感冒并发现其与干扰素具有明显的协同作用。

虽然取得了一系列的成绩，但侯云德并不满足。在他看来，基础研究固然重要，但找到能对付病毒病的武器，解决全国数以亿计的病毒病患者的痛苦更为迫切。由此，他从基础研究转向了抗病毒药物研究，并选择把干扰素作为治疗病毒病的突破口。

侯云德留苏期间的照片

20 世纪 90 年代，侯云德（左）在指导学生做实验

干扰素是人体分泌的一种蛋白质，具有广谱抗病毒、抗肿瘤和免疫功能，是国际公认的治疗肝炎、肿瘤等疾病的首选药之一。20 世纪六七十年代的中国，干扰素完全依靠进口，1 支几百元，治疗 1 个疗程要花 2 万～ 3 万元，对当时的中国人来说，这无疑是一个天文数字。

侯云德决定做出中国人自己的干扰素。一开始，他选择用人脐血白细胞诱生制备可用于临床的干扰素制剂。然而，耗费 8000 毫升人血才能制备 1 毫克干扰素——1 支 1/250 毫克的干扰素，成本就要 100 多元，产量低、价格高，难以广泛应用。

如何做出老百姓用得起的干扰素成了横亘在侯云德和团队面前的难题。正在一筹莫展之际，1977 年，美国应用基因工程技术生产生长激素释放因子获得成功。这一突破让侯云德看到了希望，他大胆设想：可以引入基因工程的办法，让细菌来大量生产干扰素，这将会大幅度提高产量并降低价格。

理想的实现从来不是一件容易的事情。当时，我国生物技术处于起步阶段，各方面条件都较为落后，搞干扰素基因工程，更是无从下手。

侯云德和团队边学边干，从国外文献中查找资料，一步步摸索着前行。为了更好地了解基因工程技术，侯云德先自学英语，再利用去美国、加拿大等地开会、考察的机会，努力掌握基因工程技术，还带回一些当时急需的试剂和设备，以解燃眉之急。

在各种“因陋就简”中，中国的基因工程药物终于实现了“从 0 到 1”的突破。1982 年夏天，侯云德团队首次克隆出具有我国自主知识产权、具有中国人抗病毒反应优势的人 α1b 型干扰素基因，并成功研发出独创的国家 I 类新药产品重组人干扰素 α1b。这是我国第一个基因工程创新药物，临床证明，其对乙型肝炎、丙型肝炎、毛细胞性白血病等有明显的疗效，且与国外同类产品相比副作用小得多。侯云德因此被称为“中国干扰素之父”。

“‘Me too，me better’，虽然和国外同类成果相比，我们稍晚了一些，但我们研制的干扰素是由中国人基因研制而成的，更适应中国人体质，同时副作用更小，治疗病种更多。”侯云德自豪地说。

“中国人有了自己的干扰素，这是我国第一个基因工程创新药物，实现了我国基因工程药物从无到有的突破，开创了我国基因工程药物时代的先河！”医学病毒学专家、中国工程院院士赵铠与侯云德相识数十载，在他看来，“侯云德可谓一名真正卓越的科技工作者。”

对于重组人干扰素 α1b，中国科学院院士、中国疾控中心主任高福同样给予了高度评价：“重组人干扰素 α1b 是我国第一个基因工程创新药物，它的问世实现了我国基因工程药物从无到有的突破。侯先生是中国生物技术的重要开拓者之一。”

在重组人干扰素 α1b 诞生后的 10 多年里，侯云德带领团队再接再厉，接连研制出 8 种基因药物，并全部实现了技术转化。重组人干扰素 α1b 投入规模化生产，短短两年就夺回由国外产品占领的 60% 的市场份额。

从研制之初到现在，40 多年过去了，侯云德的梦想已经一步步变成了现实。目前，我国自主生产的干扰素不仅占领了国内 90% 以上的市场，而且价格不到以前的 1/10。侯云德主导研制的基因工程药物已让数千万名患者得到救治，对我国生物医药的发展和科技成果转化具有重要意义。

从杰出科学家到战略科学家

历任中国预防医学科学院病毒学研究所所长、3 届 863 计划生物技术领域专家委员会首席科学家、中国工程院副院长和传染病重大专项技术总师，侯云德在科学上具有超前的眼光。高福院士说：“在生物医药技术领域，做什么、不做什么，都是侯院士在把握方向。”

基因工程药物创新仅是点上的突破，此后，在对我国科技发展产生重要影响的 863 计划中，侯云德连续 3 届担任生物技术领域首席科学家，他联合全国生物技术领域的专家，出色完成了多项前沿高技术研究任务，顶层指导了我国医药生物技术的布局和发展，实现了从杰出科学家到战略科学家的角色转变。

1986 年 3 月，面对世界高技术蓬勃发展、国际竞争日趋激烈的严峻挑战，在王大珩、王淦昌、杨嘉墀和陈芳允四位科学家提出的“关于跟踪研究外国战略性高技术发展的建议”和朱光亚极力倡导下，我国启动实施了 863 计划。这是我国第一个由科学家倡议、政治家决策、中央政治局讨论的科技计划，也是中国科技发展史上划时代的大事。

在 863 计划列出的七大研究领域中，生物技术居于首位，其重要性可见一斑。时年 57 岁的侯云德再次挑起重担。1987—1996 年，侯云德连续 3 届任 863 计划生物技术领域首席科学家。在此期间，我国在基因工程疫苗、基因工程药物等五大领域取得了巨大成就，我国生物技术研发机构数量呈十数倍增加，10 多种基因工程药物上市，生物技术产品销售额增加了 100 余倍。

中国疾病预防控制中心病毒病所首席专家武桂珍说：“侯院士为我国生物医药技术原始创新、成果转化，以及生物医药产业化的整体水平步入国际前列作出了巨大贡献。”

“侯老师站得更高，看得更远，他是有战略眼光的。”侯云德的学生、中国医学科学院病原生物学研究所所长金奇清楚地记得，20 世纪 80 年代中期，他在侯云德的带领下对痘苗病毒进行全基因组的测定，这是当时国内最大的完整生命体的基因序列测定，和国外几乎同步。但当时金奇觉得不解，觉得这是一项冷门的研究。由于对其重要性认识不足，又受条件的限制，后来，他的最后测定成果滞后国外近 1 年时间，侯云德得知后大呼遗憾。经此一事，金奇感慨：“科研也要讲究时效性。过去我们整体水平比国外滞后，我们的眼光自然短一些。”

身为中国基因工程药物的开创者，侯云德早早地预见到生物科学技术转化的重要性。北京三元基因药业股份有限公司董事长、总经理程永庆回忆，1991 年的一天，侯云德将他叫到办公室，打开抽屉，里面满满都是各种科研论文、获奖证书。他对程永庆说，特别希望这些科研成果能早点变成药品，

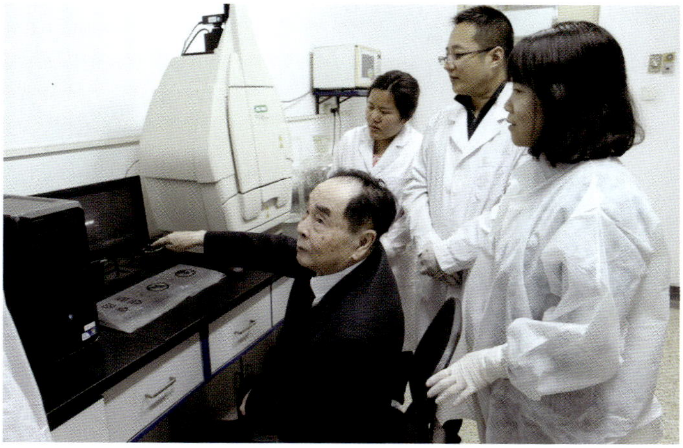

侯云德和学生在实验室

侯云德接受采访

让老百姓都能用得上。

事实证明，侯云德在科学上超前的眼光从未在哪一个节点画上句号。2014 年，H5N1 禽流感疫情来势汹汹。在一次国际学术会议上，侯云德在演讲中提出，禽流感固然可怕，但长远来看，猪流感更应得到关注。他提出，与禽类相比，流感病毒更容易在猪身上发生混合变异，产生新的威胁。3 天之后，墨西哥当地暴发甲型 H1N1 流感疫情，其中病毒的部分基因片段被证实来自猪。

"很少有科学家能像他那样，一个创新接着一个创新，一个高潮连着一个高潮，始终做站在前沿的人。"侯云德的学生、中国疾病预防控制中心病毒病预防控制所研究员段招军说。

编织传染病防控巨网

在中国疾病预防控制中心病毒病预防控制所副所长董小平看来，每当重大疫情来临时，侯云德扮演的都是守在"火山口"上的角色，他要准确地把握疫情走向，提出最佳的应对方案。

2008 年，79 岁的侯云德再次挑起重担，被任命为"艾滋病和病毒性肝炎等重大传染病防治"科技重大专项技术总师，带领全国卫生系统领军骨干人才发起对传染病的"反攻"。

"他是坐在'火山口'上去灭'火'的人。"中国疾病预防控制中心病毒病预防控制所副所长董小平感慨，"病毒汹汹来袭，能不能尽快搞清楚，能不能赶紧控制住，可谓'压力比山大'。"

侯云德不是第一次担当"灭火员"。2003 年初，突如其来的 SARS 让全国人民都陷入了恐慌。面对连医护人员都难逃感染的危急状况，当年 4 月，国家食品药品监督管理总局批准了第一个预防 SARS 的药物，侯云德团队自主研发的

重组人干扰素 α2b 通过“绿色通道”进入临床试验。该产品相当于救命用的防护服，有助于降低普通民众，尤其是一线医护人员的感染率。之后，侯云德将干扰素的生产技术转让给多家企业。有媒体称他制药救人的壮举是“撒豆成兵”。

2005 年年末，对 SARS 心有余悸的中国人再度陷入对禽流感的恐慌之中。侯云德站了出来，他说：“尽管 H5N1 病毒已经在全球扩散，其严重程度在已知历史上从未有过，但不能就认为，现在流行的 H5N1 禽流感病毒一定会在近期引起人类流感的大流行。”

上任“艾滋病和病毒性肝炎等重大传染病防治”科技重大专项技术总师不到 1 年，更严峻的考验再次来临。2009 年，甲型 H1N1 流感在全球肆虐。在国务院领导下，我国建立了由卫生部牵头，38 个部门组成的联防联控机制，侯云德任专家组组长。

侯云德再一次扮演了“灭火员”的角色。中国疾病预防控制中心病毒病所研究员段招军回忆：“甲型 H1N1 流感在当时是一种新发传染病，没有诊断试剂，没有疫苗。侯老师带着我们迎难而上，攻克了一个个难关。”

在侯云德的带领下，研究团队在获得流感病毒毒株后 72 小时内，经过 1000 余次筛选，验证了与 17 种不同流感病毒亚型的交叉反应，建立了快速灵敏的甲型 H1N1 流感病毒检测方法。更令人骄傲的是，在疫情暴发的短短 87 天后，我国就成功研制出了甲流疫苗，成为全球首个批准甲流疫苗上市的国家，比欧美国家提早了数月。

在甲型 H1N1 流感流行期间，欧美很多国家均有 2 个自然流行高峰，而我国呈现独特的单峰现象。“这是我们成功干预的结果。”侯云德说。自 1918 年以来，全球共发生过 6 次流感大流行，前 5 次都没有成功干预，而面对甲型 H1N1 流感，我国改变了其流行自然峰值，在人类历史上首次实现了对流感大流行的有效干预和控制。

第三方的系统评估显示，我国甲型 H1N1 流感的应对措施大幅度降低了我国发病率与病死率，减少 2.5 亿人发病和 7 万人住院；病死率不足国际水平的 1/5。这一重大研究成果，获得世界卫生组织和国际一流科学家的高度赞赏和一致认同，获得 2014 年度国家科学技术进步奖一等奖。

10 多年来，在侯云德的主导下，我国建立了覆盖所有省份的应对新发突发传染病的综合防控网络体系，实现了 72 小时对五大症候群的 300 余种病原体的快速确认。在 1 周内确定未知病原，切实提高了我国新发、突发传染病防控能力，推动我国传染病防控事业和能力进入了新时代。

对于普通人来说，这是一张防治传染病的“天网”。近些年，无论是 2013 年流行的 H7N9 禽流感病毒、2014 年在全球扩散的中东呼吸综合征（MERS）病毒、2015 年以来在西非盛行的埃博拉病毒，还是 2016 年席卷世界的寨卡病毒，都没有在我国大规模流行起来。

“我国在传染病防控方面的能力大幅提升，进入世界一流行列。侯院士作为这一体系的总师，功不可没。”国家卫生健康委科技教育司监察专员刘登峰说。

“培养一代人，影响一代人”

1989 年，侯云德独自完成上百万字的专著《分子病毒学》。“当年，我们将这本书视为分子病毒学的‘圣经’，在它的指引下，许多年轻人步入了分子病毒学研究领域。”中国疾病预防控制中心病毒病预防控制所原所长李德新说。

2019 年 7 月，侯云德院士科学研究青年基金获奖者证书颁发仪式在北京举行，来自全国 4 个单位（中国疾病预防控制中心病毒病所、中国疾病预防控制中心传染病所、青岛市疾病预防控制中心、中国科学院武汉病毒所）的 11 位从事传染病防控的青年科学家从侯云德手中接过了获奖证书。

颁奖仪式上，年轻的获奖者们面对面地和侯云德院士交流，心情都异常激动，畅谈了自己的获奖感言。他们表示，一定要传承好侯云德院士孜孜以求的科研精神、无私奉献的家国情怀，踏踏实实做好业务，高质量完成基金任务。

“在年轻人的培养体系上，侯院士下了很大的功夫。”侯云德的同事、中国疾病预防控制中心病毒病预防控制所原所长李德新回忆，“从 1995 年我们这一批人海外求学归来，他就非常支持我们大展拳脚。其间，他鼓励并帮助大家申请原 863 课题，在持续的研究任务中予以指导。他带动了一代青年人的发展，也全面推动了我国病毒研究的发展。”

李德新说，侯云德撰写及翻译的书籍是中国病毒学界的“圣经”，其中他在 1989 年独自编纂的上百万字著作《分子病毒学》，更是将分子生物学引入病毒学的划时代的作品，“在它的指引下，许多年轻人步入了分子病毒学研究领域”。

几十年来，侯云德共培养博士、硕士研究生 200 余名，其中许多都已成为我国病毒学和生物医学领域的优秀领头人。“做他的学生很幸福。”金奇回忆，在他读研究生的时候，每天下班后，侯云德都会召集学生来办公室聊天，和大家分享国际研究最新热点和趋势，“当时年轻，没有领会老师的深意，现在回想来觉得特别幸福。”

“侯老师对我们这些学生，对年轻人，在培养提携上总是不遗余力。”令金奇最为感动的是，每次发表论文和报送奖项时，侯云德总把学生的名字写在前面，自己的名字写在后面，参加会议或接受采访，他也总是把发言机会留给学生们，而工作生活上的琐碎小事儿，他却总是亲力亲为。

对于同行，侯云德同样倾力帮助，毫无保留。

1976 年，临床级人白细胞干扰素研制成功，他将全部技术传授给了北京、四川、上海、广州等地有关单位的研究人员。

1982 年，侯云德推出了一系列基因工程技术后，不少人到他的实验室取经，侯云德总是热情地传授。有人劝告他，这么做不利于保持本室的技术优势，他却不以为然。在他看来，我国科学家应该团结起来，保持优势不能靠把持技术，要靠不断创新。

“侯院士培养了一批人，影响的却是一代人，中国科学界需要更多像他这样的人。”分子生物学家、中国科学院院士陈竺感慨。

恰如侯云德写过的那首明志诗:“双鬓添白发,我心情切切。愿将此一生,贡献四化业。”而今,90 多岁的侯云德依然密切关注国内外病毒学研究动向,关心和思考我国医学病毒学的发展方向,他说:“传染病防控体系已经建立起来了,而降低艾滋病、乙肝和肺结核的发病率和病死率也是我的心愿,更是我的义务。”

侯云德

谈

科学家
精　神

——“Me too，me better”，我们不能两眼不看世界前沿，只顾埋头搞研究，在研究上要做到别人有的我们要有，还要更好。

——我国科学家应当团结起来，不能把持技术不外流，技术优势要靠不断创新，只有不断创新才能使自己处于优势地位。

——科学家要敢讲真话，为国家和人民着想，不能只计较个人得失。

——如果让我对年轻人说点什么，就是要学点哲学。哲学是规律的规律，在更高层次指导科研。认识，实践，再认识，直到无穷。

——对预防和控制突发性传染病进行研究是非常迫切的。面对事实上新的传染病流行和生物恐怖的双重威胁，为了确保我国经济建设和社会稳定，我国科学家应当站在斗争的前列，要未雨绸缪。

大国重器

DAGUO ZHONGQI PIAN 篇

祖国大地上一座座科技创新的丰碑，凝结着广大院士的心血和汗水。我们的很多院士都具有“先天下之忧而忧，后天下之乐而乐”的深厚情怀，都是“干惊天动地事，做隐姓埋名人”的民族英雄！

——2018 年 5 月 28 日，习近平总书记在中国科学院第十九次院士大会、中国工程院第十四次院士大会上的讲话党的十八大以来，在以习近平同志为核心的党中央坚强领导下，全国上下牢固树立新发展理念，一件件“大国重器”横空出世，我国迈步进入高技术制造业和装备制造业发展新时代。

2016年5月30日，习近平总书记在全国科技创新大会、两院院士大会、中国科协第九次全国代表大会上强调：“科技是国之利器，国家赖之以强，企业赖之以赢，人民生活赖之以好。中国要强，中国人民生活要好，必须有强大科技。”

高铁、5G网络、载人航天、电子商务、深海探测、量子通信……党的十八大以来，我国科技研发投入不断加大，新兴产业蓬勃发展，引领世界潮流，“天宫”、“蛟龙”、“蓝鲸”、“天眼”、“悟空”、“墨子”、C919大飞机等大国重器纷纷涌现。

1955年1月，一块产自广西的铀矿石被带进中南海，这块矿石被誉为我国核工业的“开业之石”。从“两弹一艇”到“华龙一号”，67年来，我国核工业从无到有、从小到大，实现了一系列自主重大跨越，构筑了完整的核工业体系，为世界清洁能源的发展提供中国方案，正向世界核工业强国迈进。

从核弹、核潜艇到核电，从国防建设到服务经济社会，我国走出了一条具有中国特色的核工业发展之路，也始终将核安全放在首位。

党的十八大以来，中国的核安全事业进入了安全高效发展的新时代。习近平总书记提出理性、协调、并进的核安全观，强调发展和安全并重，倡导打造全球核安全命运共同体。这为新时代中国核安全发展指明了方向，为推进核能开发、利用国际合作、实现全球持久核安全提供了中国方案。

在核安全观引领下，中国逐步构建起法律规范、行政监管、行业自律、技术保障、人才支撑、文化引领、社会参与、国际合作等为主体的核安全治理体系，核安全防线更加牢固。

2018年4月，习近平总书记考察三峡大坝时强调，这是我国社会主义制度能够集中力量办大事优越性的典范，是中国人民富于智慧和创造性的典范，是中华民族日益走向繁荣强盛的典范。真正的大国重器，一定要掌握在自己手里。核心技术、关键技术，化缘是化不来的，要靠自己拼搏。

创新是核工业发展的不竭动力和源泉。67 年来，我们独立自主研制成功了原子弹、氢弹、核潜艇，支撑起了中华民族自立的脊梁，铸就了中华人民共和国坚强的核盾牌。

67 年来，我国从未发生二级及以上核安全事件，核材料保持“一克不丢、一件不少”的安全纪录，在工业安全中保持着领先的地位，其经验和成果也为世界核工业发展作出了突出贡献。

为了将以核能为依托的大国重器牢牢掌握在自己手上，无数科学家默默耕耘一生，以“核”报国，将人生理想融入中国核能事业的发展，实现了一次又一次的跨越。

他们中，有 40 年隐姓埋名的“中国核司令”程开甲，他先后参与并主持了中国首次原子弹、氢弹、导弹核武器和增强型原子弹等不同方式的多次核试验，为我国核武器事业和国防高新技术发展作出了卓越贡献；有“共和国勋章”获得者、“两弹一星”功勋科学家于敏，他突破了我国研制氢弹的技术原理，为国铸造核盾，守护国家安宁；有中国第一代核潜艇总设计师黄旭华，他毕生致力于我国核潜艇事业的开拓与发展，从主持设计中国第一代攻击型核潜艇，到战略导弹核潜艇研制成功，默默无闻投身核潜艇事业六十余载，他最大的愿望就是新一代核潜艇人在未来的发展过程中不断有新的创举；还有几十年如一日深耕不辍的王大中，在卓有远见地认定了“固有安全”的学术目标后，他数次在世界核能陷入低谷时，为我国安全核电确定了正确的技术路线，最终在全球首次实现“固有安全”，走出了我国以“固有安全”为主要特征的先进核能技术从跟跑、并跑到领跑世界的成功之路。

2015 年 5 月 7 日，“华龙一号”的全球首堆工程正式落地福清核电 5

号机组，标志着我国已经形成了具有完整自主知识产权的三代核电品牌，使中国成为继美国、法国、俄罗斯之后又一个具有独立自主的三代核电技术的国家，具备了与发达国家在三代核电国际市场同台竞技的资格，是中国从核大国向核强国迈进的标志。“华龙一号”是国家自主创新、集成创新和机制创新的成果，是在我国20多年核电建设运营成熟经验的基础上，汲取世界先进设计理念合作研发的三代核电自主创新成果。

2021年1月，“华龙一号”全球首堆示范工程福清5号机组投入商业运行，从核岛浇灌第一罐混凝土到商业运行仅用了68.7个月，是唯一按期完成的全球三代核电首堆。“华龙一号”成为当前核电市场上接受度最高的三代核电机型之一。

经过几代核工业人的不懈探索，中国核技术研发体系逐步完善，研发实力显著增强，在核电、核燃料循环、核技术应用等领域取得了一批科技创新成果，包括自主研发三代核电“华龙一号”、多用途模块式小型反应堆“玲龙一号”、泳池式低温供热堆“燕龙”等多种堆型，具备了四代核电技术高温气冷堆和快堆的研发能力。$CO_2 + O_2$原地浸出采铀工艺实现工业化应用，新一代铀浓缩离心机大型商用示范工程全面建成，大型先进商用压水堆CF3燃料组件实现批量化，首座铅铋零功率反应堆“启明星Ⅲ号”首次临界，新一代可控核聚变研究装置“中国环流器二号M”将投入运行，自主研制伽马刀“中国芯”打破国外垄断……

这一件件大国重器的相继问世，极大地振奋了国人的自信心和自豪感，也令全世界为之瞩目。在当前国际环境极端复杂的情况下，它们的隆重登场，无疑有着更为特殊的意义。

党的十九届五中全会明确提出，“坚持创新在我国现代化建设全局中的核心地位，把科技自立自强作为国家发展的战略支撑，面向世界科技前沿、面向经济主战场、面向国家重大需求、面向人民生命健康”。

近年来，国家围绕科技和产业发展所作的战略部署，将关注的焦点准确无误地对准工业实力和科技实力，由此也凸显了大国重器极其关键的地位。

“中国天眼”500米口径球面射电望远镜（FAST）首次发现毫秒脉冲星，“天鲲号”首次试航成功，“长征五号”遥三运载火箭发射成功，“雪龙2号”首航南极，“海斗一号”完成万米海试，“天问一号”开启火星探测之旅，“北斗三号”全球卫星导航系统正式开通，“奋斗者号”载人潜水器成功坐底马里亚纳海沟，新一代“人造太阳”建成并实现首次放电，“怀柔一号”卫星成功发射，“嫦娥五号”实现地外天体采样返回，“九章二号”量子计算原型机求解特定问题比超级计算机快10^{24}倍，“神舟十三号”载人飞行任务取得圆满成功……

大国重器相继浮出水面，是我国工业和制造业等先进领域快速发展的缩影。这一个个使国人扬眉吐气的里程碑，彰显出我国工业发展的巨大成就，也无形中赋予它更大的责任。

这些装备制造关乎国家命脉，这些大国重器让人民的生活更加安宁，让国家的安全得到保障。

身处中华民族伟大复兴的新时代，14亿中国人在习近平新时代中国特色社会主义思想和习近平总书记关于制造强国战略重要论述的指引下，上下同心、砥砺奋进、不懈奋斗，始终牢牢把大国重器掌握在自己手里，中华民族一定会迎来更加美好的明天。

程开甲：隐姓埋名的『中国核司令』

程开甲，著名物理学家。1918 年出生于江苏省苏州市吴江区，1941 年毕业于浙江大学物理系，1946 年留学英国，1948 年获英国爱丁堡大学博士学位，任英国皇家化学工业研究所研究员。1950 年回国，先后任浙江大学副教授、南京大学物理系副主任、教授。1960 年，加入中国核武器研究队伍，历任第二机械工业部第九局核武器研究所副所长、第九研究院副院长，中国核试验基地研究所副所长、所长，基地副司令员，国防科学技术工业委员会科技委常任委员、顾问，原总装备部科技委顾问。

他长期从事理论物理、核武器研制与试验、抗辐射加固等领域的科学技术研究工作，是我国核武器事业的开拓者之一，我国核试验科学技术体系的创建者之一，为我国核武器事业发展作出突出贡献。

程开甲于 1980 年当选中国科学院学部委员（院士）。1985 年获国家科学技术进步奖特等奖；1999 年被党中央、国务院、中央军委授予“两弹一星功勋奖章”；2014 年 1 月获 2013 年度国家最高科学技术奖；2017 年获“八一勋章”；2018 年被党中央、国务院授予“改革先锋”称号。

程开甲院士

1964 年 10 月 16 日，东方一声巨响，蘑菇云腾空而起，中国第一颗原子弹爆炸试验圆满成功。

为了这一声“东方巨响”，无数科学家在大漠戈壁隐姓埋名，无私奉献。中国科学院院士、“两弹一星功勋奖章”获得者程开甲，便是其中的杰出代表。2014 年 1 月，程开甲获得国家最高科学技术奖，许多人这才第一次听说他的名字。

作为我国核武器事业的开创者、核试验科学技术体系的创建者之一，程开甲先后参与和主持了我国首次原子弹、氢弹试验，以及两弹结合飞行试验等多次核试验，为我国核武器事业发展作出了卓越功勋，被称为“中国核司令”。

一生为国披甲铸盾，程开甲说：“常有人问我对自身价值和人生追求的看法，我说，我的目标是一切为了祖国的需要。‘人生的价值在于奉献’是我的信念，正因为这样的信念，我才能将全部精力用于我从事的科研事业上。”

负笈求学，得遇名师

年少的程开甲爱动脑筋，常有新的想法。他说：“虽然这些都是错误和失败，但这样的尝试是应该提倡的。新意就是创新的雏形，要敢于想象、敢于坚持。”

1918 年 8 月，程开甲出生于江苏省苏州市吴江区，祖父程敬斋为他取名开甲，意即“登科及第”。

1931 年，程开甲考入距家 20 千米的嘉兴秀州中学，这是嘉兴历史上的第一所中学，培养了包括数学大师陈省身、诺贝尔物理学奖获得者李政道在内的多名世界著名科学家。可能就是在这个时候，程开甲渐渐萌发了长大后也当科学家的理想，从此，处处以科学家为榜样，沿着他们曾经走过的道路而努力。

年少的程开甲爱动脑筋，常有新的想法，还有“不见棺材不落泪”的钻劲和韧性。初中二年级的时候，他画了张自己想造的大船模型图，构想用船的重量把大海的水压到船里去，用水产生的冲力带动发电机发电，发电机工作后可以开动船，然后再把船中的水抽出去，周而复始。

还有一次，他想用平面几何的尺规作图方法三等分角，结果做了几天几夜没有结果。“虽然这些都是错误和失败，但这样的尝试是应该提倡的。新意就是创新的雏形，要敢于想象、敢于坚持。”程开甲在多年后回忆，这些对思维方法、学习和工作态度的最初的培养，让他终身受益。

1937 年，程开甲以优异的成绩考取浙江大学物理系的“公费生”。在这所被英国著名学者李约瑟博士誉为“东方剑桥”的大学里，程开甲接受了束星北、王淦昌、陈建功和苏步青等名师严格的数理知识训练和科学精神的培育。

大学二年级时，程开甲就旁听了著名核物理学家王淦昌教授主持的物理讨论。他从王先生身上学到了两条诀窍：一条是紧跟前沿；另一条是抓住问题，扭住不放。这对他日后从事科研起了重要作用。“我特别注意科学研究的前沿，告诫自己，不盲从权威，要执着，要认真，要穷追不舍，要坚持到底。后来也从不保守、不停留在前人已有的上面，总能有新的思维、新的方法和新的点子”。

在日益养成的创新精神下，程开甲大胆去做别人不敢想的事情。听完数学家陈建功教授的复变函数论课后，他深受启发，撰写了论文《根据黎曼基本定理推导保角变换面积的极小值》。“连老师都想不到我真能做出来。”后来论文被苏联斯米尔诺夫的《高等数学教程》全文引用。

1941 年，程开甲大学毕业后留校任助教，并开始钻研相对论和基本粒子，完成了多项重要研究。1946 年 8 月，在李约瑟博士的推荐下，程开甲赴英国爱丁堡大学留学，成为诺贝尔物理学奖得主玻恩教授的学生。在此期间，他学到了许多先进知识，还结识了狄拉克、海特勒、薛定谔、缪勒、鲍威尔等科学巨匠。

1948 年，在苏黎世的国际学术会议上，程开甲与师兄海森堡就学术问题展开针锋相对的激烈争论，连大会主持人、著名物理学家泡利都无法裁判。老师玻恩知晓此事后，非常高兴，和他讲起自己与爱因斯坦长时间针锋相对的争论。程开甲说，这次谈话，同样让他终身受益。

毕业后，程开甲担任英国皇家化学工业研究所研究员，年薪 750 英镑——这在当时是很高的待遇。1949 年的一天，程开甲在电视中看到，英国“紫石英号”军舰在长江游弋阻挠中国人民解放军渡江作战，遭解放军数十枚炮弹击伤。“我就知道，我们有一天能够这样子的！”他高兴极了，就是从这一天起，他看到了中华民族的希望。

程开甲执意回国，他谢绝了玻恩老师的挽留，告别师友，带着大批新中国急需的固体物理、金属物理方面的书籍和资料，于 1950 年 8 月回到祖国。

回国后，程开甲先后在浙江大学和南京大学任教。为了国家建设需要，他把研究重心由理论转向理论与应用相结合，开创了国内对于热力学内耗的系统研究，出版了我国第一部《固体物理学》教科书，并联合创建了南京大学核物理专业，参与筹建了江苏省原子能研究所。

“我认为我们每一个人都有自己的追求，作为中国人，追求的目标应该符合祖国的需要。”在程开甲看来，如果不回国，可能在学术上会有更大的成就，但绝不会有现在这样的幸福，“因为我所做的一切，都和祖国紧紧地联系在一起。”

扎根大漠，为国铸盾

中国自主制造的第一颗原子弹于 1964 年 10 月 16 日在新疆罗布泊爆炸成功。周恩来总理感慨地说，“随着我国第一颗原子弹的爆炸，现在应当是扫清一切自卑感的时候了”。

1947 年，程开甲（左三）参加国际学术会议

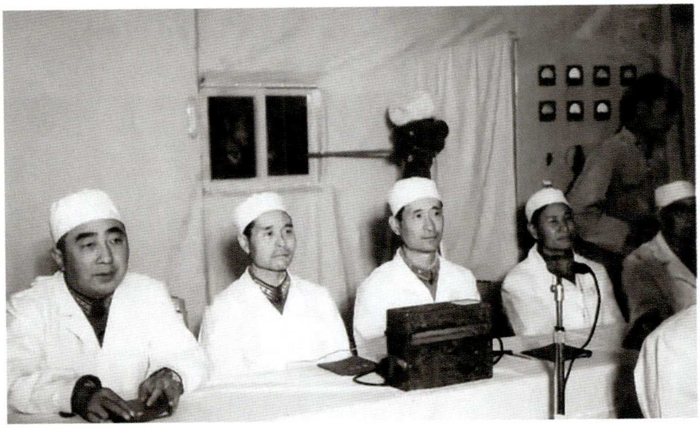

1964 年 10 月 16 日，程开甲（左二）在中国第一颗原子弹爆炸试验主控站

1960 年，程开甲被调入北京，加入我国核武器研究的队伍。从此，他的名字进入了国家绝密档案。

原子弹研制初期，程开甲被任命为核武器研究所副所长，负责原子弹爆轰条件和状态方程的研究。他第一个采用合理的 **TFD** 模型（托马斯 - 费米 - 狄拉克模型）估算出原子弹爆炸时弹芯的压力和温度，为原子弹的总体力学计算提供了依据。

1962 年夏，第一颗原子弹爆炸试验提上了日程。经钱三强推荐，程开甲成为我国核试验技术的总负责人。从理论研究到试验技术，程开甲再一次放弃熟悉的领域，去开拓全新领域。面对国家的需要，他二话没说，接受了组织的安排。

程开甲说："回国后，我一次又一次地改变工作，都是从零开始创业，但我一直很愉快，因为这是祖国的需要。我这辈子最大的幸福，就是自己所做的一切，都和祖国紧紧地联系在一起。"

1963 年，45 岁的程开甲第一次踏进号称"死亡之海"的新疆罗布泊，并在此后的 20 多年里，一直工作、生活在这片广袤无际的戈壁滩，全身心地投入到中国的核武器事业。

1964 年 10 月 16 日，我国自主研制的第一颗原子弹在罗布泊准时爆响，1700 多台（套）仪器全部拿到测试数据。据相关资料记载，法国第一次核试验没拿到任何数据，美国、英国、苏联第一次核试验只拿到很少一部分数据，而我国首次核试验中 97% 的测试仪器记录数据完整、准确。

在不久后召开的第三届全国人民代表大会第一次会议中，周恩来总理在报告中特别指出："在进行核爆炸试验的时候，自动控制系统在十几秒的时间内，启动了上千台仪器，分秒不差地完成爆炸。这说明我们自己制造的各种材料、燃料、仪器、设备，都是高质量的、高水平的，是过得硬的。"

周总理感慨地说："我们能不能自力更生地攀登科学技术高峰，这不仅在国外而且在国内，都是有人怀疑的。但是，随着我国第一颗原子弹的爆炸，现在是应该扫清一切自卑感的时候了。"

之后，在程开甲的带领下，我国的核试验任务不断取得新突破。1966 年 12 月，首次氢弹原理性试验成功，程开甲提出塔基若干米半径范围地面用水泥加固，减少尘土卷入，效果良好；1967 年 6 月，第一颗空投氢弹试验成功，程开甲提出改变投弹飞机的飞行方向，保证了投弹飞机的安全；1969 年 9 月，我国首次地下平洞方式核试验成功，程开甲设计的回填堵塞方案，实现了“自封”，确保了试验工程安全；1978 年 10 月，我国首次地下竖井方式核试验成功，程开甲研究设计的试验方案获得成功……这些核试验的成功，打破了美、苏、英的遏制，为我国核试验的发展赢得了主动，对核武器的研制起到了重要作用。

此外，作为我国核试验的技术总负责人，程开甲还带领团队建立发展了我国的核爆炸理论，系统阐明了大气层核爆炸和地下核爆炸过程的物理现象及其产生、发展规律，并在历次核试验中不断验证完善，成为我国核试验总体设计、安全论证、测试诊断和效应研究的重要依据。以该理论为指导，程开甲团队创立了核爆炸效应的研究领域，建立完善不同方式核试验的技术路线、安全规范和技术措施，领导并推进了我国核试验体系的建立和科学发展，指导建立核试验测试诊断的基本框架，研究解决核试验的关键技术难题，满足了不断提高的核试验需求，支持了我国核武器设计改进。

1984 年，年岁已高的程开甲离开核武器试验基地，回到北京于国防科学技术工业委员会科学技术委员会担任委员，他的科研工作也转入国防科技发展战略研究。对于这段罗布泊岁月，程开甲终生难忘。他说：“很荣幸自己能够参加到那样一段波澜壮阔的事业之中。这种自豪，至今激励我还要干下去。为了祖国的强大，我愿发挥自己的全部力量和价值。”

1996 年，在我国宣布暂停核试验后，作家彭继超采访了 78 岁的程开甲，他问：“作为中国核试验事业的开拓者，您参加了几十次核试验，最难忘的感受是什么呢？”

程开甲沉默了，久久说不出话来，眼睛中涌满了泪水，他说：“我永远忘不了过去中国被人看不起、受人欺侮的滋味。有了原子弹，中国人才真正挺直了脊梁。我们为核武器事业而献身，为的是让我们的祖国能硬邦邦地站在世界人民面前。我们做到了……”

生命不息，创新不已

程开甲曾多次进入地下核试验爆后现场，爬进测试廊道、测试间，甚至最危险的爆心。面对各方劝阻，他说：“你们听过‘不入虎穴，焉得虎子’这句话吗？我只有到实地看了，心里才会踏实。”

2004 年，程开甲在《神剑》杂志第 1 期发表《创新是科学的生命之源》一文，对自己的成长经历和科学思想进行了自述。他在文中写道：“只有创新，才有突破，才有发展，才有成功。当年我们搞核武器的研制、搞试验都是在国外对我们封锁的条件下，我们得不到资料，买不来所需的仪器设备，如果我们再没有创新的精神、艰苦奋斗的精神，我们就不会取得今天这样的成就。”

作为中国指挥核试验次数最多的科学家，在戈壁滩的 20 多年里，程开甲在技术上研究、决策、主持了包括我国首次原子弹、首次氢弹、首次两弹结合、首次地下平洞方式和首次地下竖井方式等六个“首次”在内的 30 多次核试验。每次核试验任务，他都会到最艰苦、最危险的一线去检查指导技术工作，比如他多次进入地下核试验爆后现场，爬进测试廊道、测试间，甚至最危险的爆心。

首次地下核爆炸成功后，为了掌握地下核爆炸各方面的第一手材料，程开甲决定进入地下爆心去实地察看，这在中国是开天辟地头一回，在世界试验史上也没有先例。高温、高放射性和可能到来的坍塌，危险程度可想而知。但程开甲还是穿上防护服，戴上口罩、手套、安全帽，带着大家在刚刚开挖的直径只有 80 厘米的小管洞中匍匐爬行，最后进到爆炸形成的一个巨大空间。程开甲仔细观察、取样、测试，取到了许多珍贵的第一手资料和数据。

1976 年，程开甲（左）与妻子高耀珊在罗布泊红山基地

2009 年，程开甲工作照

我国首次地下竖井方式核试验前，程开甲坚持要坐吊篮下井。因为风险大，不确定因素很多，大家都极力劝阻，但拗不过程开甲，最终同意他最多下到 100 米深，多 1 米都不行。程开甲靠这 100 米对竖井有了更直观的认识。上来后，他说："看到实际情形，心中就踏实了。"

"不入虎穴，焉得虎子。"程开甲说，"深入虎穴"观察到的地下核试验现象，与只听汇报的感受大不相同。每次实地察看，都会有新收获，使他对下次试验方案有进一步考虑和新的设计。

在程开甲看来，创新的路是艰难的，创新的成功不仅需要自信，还要有求真的执着。不论在什么情况下，他始终主张和坚持按科学规律办事，不唯上，不唯书，只唯实。

有一次，程开甲设计了抗电磁波干扰的全屏蔽槽，遭到了包括当时的司令员在内的许多人的反对。有人劝程开甲："人家是司令员，你不要和他争了，出了问题他负责。"程开甲据理力争，他说："我不管你是不是司令员，我只看你讲不讲科学。这些数据是在实践中计算出来的，是科学的。要保证安全，就得按数据要求进行回填。"结果，还是按程开甲的意见办了。程开甲说："我的坚持是有效的，任务完成得很出色。"

说起罗布泊核试验场，人们都会联想到千古荒漠、"死亡之海"，提起当年艰苦创业的岁月，很多人都会回忆起搓板路、住帐篷、喝苦水、战风沙。但在程开甲看来，真正折磨人、考验人的是工作上的难点和技术的难关："我们艰苦奋斗的传统不仅仅是生活上、工作中的喝苦水、战风沙，更重要的是刻苦学习、顽强攻关、勇攀高峰的拼搏精神，是新观点、新思想的提出和实现，是不断开拓创新的进取精神。"

正是在他的言传身教下，程开甲创建的核武器试验研究所及其所在的核试验基地，先后走出了 10 位院士、几十位专业技术将军，获得 2000 多项科技成果奖，许多成果填补了国家空白。

努力不懈，不老常青

程开甲先后获得“两弹一星功勋奖章”和国家最高科学技术奖等。对于这些荣誉，他有自己的诠释：“我只是代表，功劳是大家的。”

程开甲是第三、四、五届全国人民代表大会代表，第六、七届中国人民政治协商会议委员，中国科学院院士。他的研究成果，荣获国家科学技术进步奖特等奖、一等奖，国家发明奖二等奖，全国科学大会奖，何梁何利基金科学与技术进步奖等多项奖励。1999 年，党中央、国务院、中央军委授予他“两弹一星功勋奖章”。2014 年，习近平总书记为他颁发了 2013 年度国家最高科学技术奖。

“我只是代表，功劳是大家的。”对于这些崇高荣誉，程开甲总是心怀忐忑，他说，“功勋奖章是对‘两弹一星’精神的肯定，国家最高科学技术奖则是对整个核武器事业和从事核武器事业团队的肯定。我们的核试验是研究所、基地所有参加者，有名的、无名的英雄们在弯弯曲曲的道路上一步一个脚印去完成的。”

程开甲曾和“两弹一星功勋奖章”获得者、中国科学院院士陈芳允一起讨论“存在”的价值：“我们都认为只要活着就应该有所价值，所以当我们俩都到了八十好几的时候，都还继续着我们应该做的事，毫不懈怠，总要去做最能实现自身价值的创新工作。我们努力了，我们也就无憾了。”

在科学研究的道路上，程开甲从未停下脚步。在 95 岁高龄时，他还利用“程 - 玻恩”超导电性双带理论，对赵忠贤院士和美国卡内基研究院毛和光发现的“压力诱发超导再进入”的新的重要现象进行研究。“我还要努力不懈，不老常青。”他说。

2018 年 3 月，因程开甲对中国第一颗原子弹成功爆炸作出的卓越贡献，以及一生投身中国核试验事业呕心沥血的付出，程开甲获颁“世界因你而美丽——影响世界华人盛典”终身成就奖。他以视频的方式发表了获奖感言，这也是他最后一次公开露面。他说:“1950 年我回到祖国,有幸能在国家从贫弱走向富强的艰难历程中，为国防建设尽些绵薄之力，党和人民却给了我很多荣誉。今天这个荣誉也同样属于那些和我一样为了祖国的安全和强大，默默无闻、无私奉献的国防建设者。”

2018 年 11 月 17 日,101 岁的程开甲走完最后的人生路。《人民日报》评论称:“‘苦干惊天动地事，甘做隐姓埋名人’。从精研科学，到学成归来，再到矢志报国，程老一生，见证百年中国荣辱。这一生，波澜壮阔，风骨灼灼。把个体追求融入国家命运，人生更具重量。让民族脊梁挺得更直，让亿万国人扬眉吐气，也让世界重新认识中国，致敬程老！”

2019 年，新中国成立 70 周年之际，这位“两弹一星”元勋被授予“人民科学家”国家荣誉称号。人民永远记得他。

程开甲

谈

科学家
精　神

——创新是科学的生命之源。面对所遇到的每一个问题，首先要有科学的态度，决不能有束缚，不能跟着已有的跑，拿着现成的做些锦上添花的事。

——要有创新思维。不管是学习、科研、任务，我总是从不同的角度去思考和比较，总是立足于“新”，最后采用最好的和最有效的。只有创新，才有突破，才有发展，才有成功。

——创新的路是很艰难的，创新的成功不仅需要有自信，还要有求真的执着。求真是实现创新的重要条件，创新是在交流和争论中完成的。

——搞科研，不能急于求成，不能光想着出名，要重视平凡而艰巨的基础工作，要有奉献精神。只有这样，才能求是、创新，超过别人。

于敏：愿将一生献宏谋

于敏，我国著名核物理学家，中国核武器事业重要奠基人。1926 年 8 月 16 日出生于河北省宁河县芦台镇（今属天津市）。1949 年毕业于北京大学物理系。先后在原子能研究所、第二机械工业部第九研究设计院（中国工程物理研究院）工作。

他是我国核物理研究和国防高技术发展的杰出领军人物之一。在氢弹研制中，解决了热核武器物理中一系列基础问题，开创性地提出了从原理到构型基本完整的设想，填补了我国原子核理论的空白，为氢弹突破作出了重大贡献。他长期领导并参加核武器的理论研究和设计，解决了大量关键性的理论问题，对我国核武器发展作出了突出贡献。从 20 世纪 70 年代起，在倡导、推动若干高科技项目，尤其是我国惯性约束核聚变研究中，发挥了重要作用。

于敏于 1980 年当选为中国科学院学部委员（院士）。1999 年获“两弹一星功勋奖章”；2015 年 1 月获 2014 年度国家最高科学技术奖，同年获“全国敬业奉献模范”荣誉称号；2018 年被授予“改革先锋”称号，2019 年被授予“共和国勋章”。

于敏院士

1967年6月17日，我国第一颗氢弹爆炸成功，中国成为当时世界上第四个成功独立研制氢弹的国家，比法国提前了1年多。

从突破原子弹到突破氢弹，美国用时7年3个月，苏联用时6年3个月，英国用时4年7个月，法国用时8年6个月，而我国仅用了2年8个月的时间，是全球最快的。西方科学家评论："中国闪电般的进步，神话般不可思议。"

干惊天动地事，做隐姓埋名人。巨大的成功背后，一个曾经被写进"绝密档案"28年的名字值得被我们永远记忆，他就是"两弹一星功勋奖章"获得者、"中国氢弹之父"、国家最高科学技术奖获得者、"共和国勋章"获得者——于敏。

"我不能有另一种选择"

选择转向氢弹研究，就意味着从此隐姓埋名，长年奔波。于敏说："面对这样庞大的题目，我不能有另一种选择。"

"离乱中寻觅一张安静的书桌，未曾向洋已经砺就了锋锷。受命之日，寝不安席，当年吴钩，申城淬火，十月出塞，大器初成。一句嘱托，许下了一生；一声巨响，惊诧了世界；一个名字，荡涤了人心。"这是2014年"感动中国"人物评选委员会写给于敏的颁奖词，也是他一生最真实的写照。

1926年，于敏出生于河北省宁河县芦台镇（今属天津市）一个小职员家庭。在那个战乱的年代，侵略者的暴行、亡国奴的屈辱，给他的童年留下了惨痛的记忆，强烈的民族忧患意识和爱国主义情感深耕在他心中。

1944年，于敏考上了北京大学工学院，两年后，他决定走科学救国的道路，从工学院转入理学院物理系，并将自己的专业方向定为理论物理。1949年，于敏以物理系第一名的成绩，考取了著名物理学家、北京大学理学院院长张宗燧的研究生。他喜欢挑战难题，超强的记忆力、超群的理解力和领悟力曾让整个理学院为之惊叹。张宗燧曾无比欣慰地说：“我教学了一辈子，从未见过于敏这么好的学生！”

1951 年，研究生毕业的于敏，被我国核物理学家彭桓武和钱三强看中，调入中国科学院近代物理研究所工作，从事原子核理论研究。之后的短短数年里，于敏在原子核研究中不断取得突破，发表了《关于重原子核的壳结构理论》《关于原子核独立粒子结构的力学基础》等多篇重量级论文。彭桓武称赞他是“国际上一流的”核物理学家。

1960 年 12 月，我国作出部署，由核武器研究院集中攻关，突破原子弹，同时，原子能研究所先行一步对氢弹做理论探索。1 个月后的一个下雪天，于敏被时任第二机械工业部部长、原子能研究所所长的钱三强叫进办公室：“经所里研究，报请上级批准，决定让你参加热核武器原理的预先研究，你看怎样？”

于敏感觉很突然，他内向沉默，喜欢搞基础理论研究，也深知自己性格适合集体性不那么强、比较自由的基础研究。而且他在近代物理研究所从事原子核理论研究已经 10 年，正处于可能取得重要成果的关键时期，此时转到氢弹研究，意味着放弃即将产出的成果，从零开始。

但是他清楚这次邀约背后的意义，决定服从分配，转行。多年后他在回忆文章中说：“这次谈话改变了我的一生。”

在名字写入“绝密档案”的 28 年里，于敏一直深入实际，日夜思虑，全力以赴地进行氢弹原理的研究。“中华民族不欺侮旁人，也决不受旁人欺侮，核武器是一种保障手段。”他说，“这种朴素的民族感情、爱国思想一直是我的精神动力。”

于敏所说的“欺侮”，并非仅指过去而言。20 世纪 50 年代，美国等核大国多次威胁使用核武器来打击中国。于敏说：“我们国家没有自己的核力量，就不能有真正的独立。面对这样庞大的题目，我不能有另一种选择。一个人的名字，早晚是要没有的。能把微薄的力量融进祖国的强盛之中，便足以自慰了。”

“那个能踢出临门一脚的人”

于敏深厚的学术功底和严谨踏实的工作作风，给同事们留下了深刻印象。和他共事多年的中国工程院院士杜祥琬说：“他总是那个能踢出临门一脚的人。”

在《中国军事百科全书——核武器分册》中，“于敏”的条目下写着：“在氢弹原理突破中起了关键作用。”曾有核武器专家指出，世界上仅有两种氢弹构型，一种是美国 T-U 构型，另一种就是于敏构型。而于敏构型比美国 T-U 构型设计更加巧妙，首爆氢弹体积比美国要小。

“我对这个领域完全陌生，抓什么课题？”于敏回忆，当时的核大国对氢弹研究绝对保密，造氢弹，我国完全从一张白纸起步。于敏决定以《矛盾论》的“内因是根据，外因是条件，外因通过内因起作用”作为研究工作的指导思想。在他看来，氢弹内因是以氚 - 中子循环为核心的热核反应动力学，循环在高温高密度等离子体条件下进行，辐射起重要作用。掌握内因创造外因必须研究这些领域的现象和规律。

之后的几年里，于敏带领近 40 名青年科研人员组成的氢弹预研小组，从基本物理学原理出发，凭借 1 张桌子、1 把计算尺、1 块黑板、1 台简易的 104 型电子管计算机和自强不息的信念，不仅解决了大量基础课题研究问题，而且还探索出设计氢弹的途径，编制了计算程序，建立和初步研究了有关模型，为氢弹原理探索奠定了必不可少的基础。

为了加快氢弹研制速度，1965 年 9 月，于敏带领一批年轻的科研人员前往上海，任务是利用华东计算技术研究所的 J501 计算机（运算速度为每秒 5 万次，是当时国内运算速度最快的计算机）对加强型原子弹模型进行优化设计。

那时的计算机性能不稳定，机时又很宝贵，一碰到机器跳动，算出来的结果就不对，就会前功尽弃，浪费很多机时。于敏白天黑夜都待在计算机房，计算机不断吐出纸带，上面记录着氢弹每个时间点、空间点的变化，趴在地

1984 年，于敏（右）与邓稼先在核武器研制基地

于敏在工作中

上看的于敏一下就能发现从某个点开始，纸带上的数据出了问题。

这种深厚的学术功底和严谨踏实的工作作风，给于敏的同事留下了非常深刻的印象。“于敏高人一筹的地方，就是对物理规律理解得非常透彻。他总是那个能踢出临门一脚的人。”中国工程院院士杜祥琬说。

正是在这段被称为“百日会战”的日子里，于敏和团队发现了热核材料充分燃烧的本质和关键所在，找到了突破氢弹的技术途径，形成了从原理到结构基本完整的中国氢弹理论设计方案。

中国工程院原院长朱光亚评价称，在突破氢弹技术难关的过程中，“于敏发挥了关键作用”。在中国科学院院士何祚庥看来，将中国的氢弹称为“于敏构型”，是完全准确而恰当的：“于敏的贡献何在？也许我们可以打一个比喻。一个由 11 人组成的足球队，在场上踢球，互相将足球传来传去。但起关键作用的人员，却往往是场外的教练和冲在前面举足射门的前锋。于敏正是这支足球队的教练兼前锋。”

“核武器科学是‘实验科学’”

1967 年 6 月 17 日，我国成功进行全威力氢弹的空投爆炸试验。获知试验成功的消息，于敏很平静：“回去就睡觉了，睡得很踏实。”

有了设计方案还需要经过核试验的检验，虽然于敏从事的是氢弹理论设计，但他对实验也相当重视。著名核物理学家王淦昌曾评价说：“我所接触的我国理论物理学家中最重视物理实验的人是于敏。”

为了研制第一代核武器，于敏带队来到位于青海高原的核武器研制基地。在这里，茫茫戈壁风沙漫天，夏天酷热，冬天苦寒，气候环境非常恶劣。于敏的高原反应非常强烈，寝食难安，从宿舍到办公室短短的一段路程，他常常要歇好几次，吐好几次，上台阶时需用手帮着抬腿才能慢慢上去，甚至连在保密电话室给理论部打长途电话时，也常常躺在椅子或床上有气无力地说话。即使如此，他也在基地一直坚持到最后。

1966 年 12 月 28 日，我国首次氢弹原理试验。为确保拿到测试结果，试验前，于敏顶着戈壁滩零下三四十摄氏度的刺骨严寒，半夜爬上 102 米的铁塔顶端，检查和校正测试项目屏蔽体的摆置。

中国工程物理研究院科技委原秘书长华欣生对此印象深刻，在他的记忆里，凡属科学实验目的的国家现场核试验，于敏总是不顾身体欠佳且经常受到失眠等的困扰，亲临第一线，并鼓励搞理论的年轻同事主动、定期去了解试验方案进度，协助解决存在的问题。“他力促‘一次试验，多获数据，多方收效’，多次在学术报告会上苦口婆心地讲，核武器科学是‘实验科学’。”

但事实上，每次做这种试验，于敏的心都提到嗓子眼。有一次试验，具体结果要第二天才知道，于敏一夜都没有睡着，在床上翻腾得厉害：“心慌、心跳、紧张、不安，非常之难受！我躺在床上，不敢动也不好意思叫人，强忍着，现在想起来真后怕，那时我 40 多岁，如果晚几年，心脏就会受不了，就会死在那儿。”幸运的是，第二天，大部分成果拿到了，“心脏也好了……好像五脏六腑、36000 个毛孔全都舒服极了……”

1967 年 6 月 17 日，蘑菇云在罗布泊沙漠腹地腾空而起。新华社向全世界庄严宣告：“中国的第一颗氢弹在中国的西部地区上空爆炸成功！”从我国第一颗原子弹成功爆炸到突破氢弹，仅仅用了 32 个月，创下了全世界最短的研究周期纪录。

试验成功的那一刻，于敏并没有在现场，而是在 2500 多千米外的北京。一直守在电话机旁的他得知爆炸的威力和自己计算的结果完全一致，长长地舒了口气：“我这个人不大流泪，也没有彻夜不眠，回去就睡觉了，睡得很踏实。”

突破氢弹后，于敏带领团队又突破了核武器小型化、中子弹技术，为我国核武器发展战略和国防高技术发展作出重要贡献。持续发展的能力如此之强，令世人称奇。在于敏看来：“根本原因也是因为我们坚持了‘独立自主，自力更生’的方针，依靠自己，奠定了核武器研制的坚实基础。”

“开花结果的时候回来”

中国科学院院士、曾任中国工程物理研究院院长的胡仁宇说，于敏是对他帮助最大、影响最深的人之一：“这是我一生中有幸碰到的‘机遇’之一。”

在研制核武器的权威物理学家中，只有于敏未曾留过学。1955 年，朝永振一郎（后来获得诺贝尔物理学奖）随日本代表团访华时，对参与接待的于敏印象深刻，回国后发表文章，称于敏是中国的“国产土专家一号”。

于敏对此颇多感触：“在我国自己培养的专家中，我是比较早成熟起来的，但‘土’字并不好，有局限性。”于敏说，科学研究需要各种思想碰撞，在大的学术气氛中，更有利于成长。

他鼓励学生出国留学，但是有一个条件——“开过眼界后就回国作贡献”。他培养的博士蓝可毕业时，于敏亲自写推荐信，让她出国工作两年，同时不忘嘱咐：“不要等老了才回来，落叶归根只能起点肥料作用，应该开花结果的时候回来。”

于敏好读《三国演义》，他曾在一次核试验前，带着队员一起高声吟诵《出师表》。他将“淡泊以明志，宁静以致远”视为一生的座右铭。在他看来，“非宁静无以致远。所谓宁静，对于一个科学家，就是不为物欲所惑，不为权势所屈，不为利害所移，始终保持严格科学精神”。

蓝可在于敏指导下学习工作多年，在她的印象中，从来没看到老师对人对事使用激烈言辞，从来没有听到老师高声表达他的学术观点。于敏总是身体力行培养学生严谨的科研态度，蓝可记得，有一次模拟激光打靶产生 X 光激光的程序刚刚编好，于敏就要求她把每一行的计算结果都打印出来，“他用整整两个星期，每天上午或下午到办公室，用计算器把一个个物理量计算出来并一一核对”。

“我在这两年中从于先生学到的东西一直影响着我 40 多年的科学生涯。”中国科学院理论物理研究所研究员赵恩广是于敏的研究生，他在《我的导师

1985 年，于敏接受新华社专访

2017 年，于敏接受中央电视台《大家》节目采访

于敏先生》一文中回忆，在他的学习期间，于先生几乎每周都会接见学生一次，先是让他们汇报学习情况，特别强调要他们提问题。他们问得多，他就很高兴，并很热情地解答；如果没有问题，他就会怀疑他们是不是真的把看过的东西弄懂了。

“那时每次见面前，我们都要绞尽脑汁地从看过的文章或书籍中寻找问题。后来我逐渐体会到，通过找问题确实可以加深阅读的效果。更重要的是它培养了我的一个习惯，喜欢换一个角度来看同一个问题。这样做常常会使我在研究工作中产生新的想法。”赵恩广写道。

由于保密和历史的原因，于敏直接带的学生不多，但在扶携后俊上他总是不遗余力。中国科学院院士王乃彦清楚地记得，1978 年全国科学大会在北京召开，他和于敏等人在一个小组。当时王乃彦被一个复杂的数学问题困扰了半年多，有一天在会议休息的时间，王乃彦把问题告诉了于敏等人：“在散会的那一天，他把写了好几张纸的推导给了我，我当时又感动又佩服。”

另外一位中国科学院院士、曾任中国工程物理研究院院长的胡仁宇说，自己从事科研几十年，遇到了不少老师、同事和朋友。而在这些人当中，于敏是对他帮助最大、影响最深的人之一，是他的良师益友：“这是我一生中有幸碰到的‘机遇’之一。”

“氢弹又不能有好几个‘父亲’”

在庆祝中华人民共和国成立 70 周年的群众游行队列中，特别设置了“致敬”方阵。于敏的儿子于辛，作为家属代表在 1 号车上，接受人民的检阅和致敬。他说：“父亲也一定非常自豪！”

2015 年 1 月，89 岁的于敏从习近平总书记手中接过当年唯一的国家最高科学技术奖证书。这样的“抛头露面”，于敏只经历过两次。上一次是 1999

年，在表彰为研制“两弹一星”作出突出贡献的科技专家大会上，他被授予了“两弹一星功勋奖章”，并代表23位获奖科学家发言。而在此之前，很少有人知道于敏是谁，更少有人了解他在做什么，连他的妻子孙玉芹都说：“没想到老于搞这么高级的秘密工作。”

于敏曾对身边人说，不要计较有名无名，要踏踏实实地做一个“无名英雄”。对于别人送来的“中国氢弹之父”的称呼，于敏并不接受，直言这种称呼不科学，“核武器的研制是集科学、技术、工程于一体的大科学系统，需要多种学科、多方面的力量才能取得现在的成绩，我只是起到了一定的作用，氢弹又不能有好几个‘父亲’”。

于敏喜欢古诗词，除了欣赏诸葛亮的《出师表》之外，他还仰慕文天祥威武不屈“留取丹心照汗青”的品格，教会孙子的第一首古诗词是岳飞的《满江红》。正如他在73岁那年在一首题为《抒怀》的七言律诗中所表达的，即使“身为一叶无轻重”，也“愿将一生献宏谋”，于敏的一生在科学上不畏劳苦，在事业上鞠躬尽瘁。

因为长期在艰苦环境工作，工作起来又不分昼夜，于敏的身体一年比一年虚弱，曾多次与死神擦身而过。

1969年初，由于沉重的精神压力和过度的劳累，于敏的胃病日益加重。在首次地下核试验和大型空爆热试验时，于敏上台阶都要用手抬着腿才能慢慢上去，同事都劝他休息，他坚持要到小山冈上观测火球。由于操劳过度，在工作现场，他几近休克；1971年10月的一天深夜，于敏再次因为过度劳累休克，经医生抢救方转危为安；两年后于敏在返回北京的列车上开始便血，回到北京后被立即送进医院检查，之后又一次休克在病床上……

于敏生命中最后的3年时光在一个简朴至极的房间度过，房间唯有1张床、1张书桌、1个书柜、1台老旧的电视机。书柜中，有几本他为学生亲手整理的手稿，在最上面的一本里夹着他亲笔写给学生的字条：“春蚕蜡炬，睹物回首，感概系之。”

2019 年 1 月 16 日，于敏溘然长逝，享年 93 岁。去世前 2 小时，他的博士生蓝可给他最后一次汇报了自己的工作。即便已经到了生命的最后时刻，当他听到我国核事业最新的进展时，眼睛里仍旧闪出了最亮的光。

惊闻于敏逝世，与其一起工作了 50 多年的杜祥琬院士悲痛万分："于敏先生那一代人，身上有一种共性，他们有一种强烈的家国情怀。这种精神影响了一代又一代人，希望这种精神能够不断传承下去。"

《解放军报》在纪念文章中写道："一棵大树俯身而卧的地方，正在长出一片森林。"

2019 年 10 月 1 日，庆祝中华人民共和国成立 70 周年的阅兵式和群众游行在北京举行，在特别设置的"致敬"方阵中，于敏的儿子于辛，带着父亲的照片一起，乘坐礼宾车驶过天安门。看到新中国成立 70 年来所取得的伟大成就，看到祖国日益繁荣富强，于辛难掩激动："父亲也一定非常自豪！"

于敏
谈
科学家精神

——非宁静无以致远。所谓宁静，对于一个科学家，就是不为物欲所惑，不为权势所屈，不为利害所移，始终保持严格的科学精神。

——科学研究需要各种思想碰撞，在大的学术气氛中，更有利于成长。

——当然要留学，应该学习西方先进的科学技术，回来再给国家做点事，但不要到落叶归根时才回来，应该在开花结果的时候就回来。

——核武器已进入了一个新的阶段，如果丧失威慑能力，我们就要重新受到核讹诈。我们不搞核竞赛，但我们要用创新的符合我国国情的方法打破垄断。

黄旭华：潜深海，铸利剑

黄旭华，舰船设计专家、核潜艇研究设计专家，我国核潜艇事业的先驱者和奠基人之一。1924 年出生于广东省汕尾市，1949 年毕业于国立交通大学（现上海交通大学）船舶制造专业，毕业后一直从事核潜艇研究工作，曾任中国船舶重工集团公司第七一九研究所副总工程师、副所长、所长，以及核潜艇工程副总设计师、总设计师等职。

他长期从事核潜艇研制工作，开拓了我国核潜艇的研制领域，是中国第一代核动力潜艇研制创始人之一，被誉为“中国核潜艇之父”，为我国核潜艇事业的发展作出了杰出贡献。在某次深潜试验中，他置个人安危于不顾，作为总设计师亲自随潜艇深潜到极限。

黄旭华于 1985 年和 1996 年两次获得国家科学技术进步奖特等奖；1994 年当选中国工程院院士。2014 年被评为“感动中国”2013 年度人物；2017 年获何梁何利基金科学与技术成就奖；2019 年被授予“共和国勋章”；2020 年 1 月获 2019 年度国家最高科学技术奖。

黄旭华院士

2020年1月10日，2019年度国家科学技术奖励大会在北京人民大会堂举行。中国工程院院士、著名核潜艇专家黄旭华，中国科学院院士、著名大气科学家曾庆存，共同荣获2019年度国家最高科学技术奖，每人获奖金800万元人民币。

面对记者抛出的“800万元奖金如何花”的问题，时年94岁的黄旭华笑着回答：“800万元我现在还没概念，我曾经和大家讲过，这个钱我不要，给了会变成我的负担，处理不好会惹祸。我会和单位好好商量一下，至少要拿出相当一部分给我们单位设立一个奖励基金。”

1年多的时间，这个问题就有了明确的答案。

2021年10月，黄旭华向中国船舶重工集团公司第七一九研究所捐赠1100万元个人所获奖金，作为科技创新奖励基金，激励更多优秀人才脱颖而出。他说：“自主创新是我们攀登世界科技高峰的必由之路，希望通过我的捐赠，让更多人关注、关心、支持科研、教育和科普事业。”

用算盘、玩具模型研制我国第一艘核潜艇

回望中国第一艘核潜艇的研制往事，黄旭华感慨：“从物质到知识，用一穷二白来形容一点也不为过。现在回头去看，当时连基本的研制条件都不具备，我们就开始干了。”

许多到访过黄旭华办公室的记者都清晰地记得，他的办公桌上有两个一胖一瘦的核潜艇模型，胖一些、长一些的是中国第一代“夏”级弹道导弹核潜艇，瘦一些、短一些的是中国第一代“汉”级攻击型核潜艇。

他与中国核潜艇的故事要从60多年前说起。

核潜艇诞生于1954年，这一年美国“鹦鹉螺号”核潜艇首次试航。1957

年，苏联第一艘核潜艇下水。当时有一个说法常被用来描述核潜艇的续航能力：一个高尔夫球大小的铀块燃料可以让潜艇航行 6 万海里（1 海里 =1.852 千米），如果用柴油做燃料，则需近百节火车皮的柴油。

对于大国来说，核潜艇是重要的国防利器之一，是一个国家国防强大的重要标志。《潜艇发展史》的作者霍顿就曾经说过，导弹核潜艇是“世界和平”的保卫者。

1958 年 6 月，聂荣臻元帅以战略家的勇气和预见向党中央呈上一份《关于开展研制导弹原子潜艇的报告》，这份绝密报告很快得到毛泽东主席的批准，中国开启了核潜艇研制的序幕。

不久后，黄旭华就接到一个电话要他前往北京出差，他二话没说，简单收拾了一下行李，便踏上从上海到北京的火车。抵达北京后，他接到了“国家要开展核潜艇研究，决定你参加这项工作”的指令。从此，黄旭华一生结缘核潜艇。

包括黄旭华在内，整个攻关组最初只有 29 个人，平均年龄不到 30 岁。除了他和另外两三人结过婚，“其他人都是光棍”。后来，又有一批大学毕业生经过审查加入研究室。在那个人才严重匮乏的年代，一些还未毕业的上海交通大学三年级学生也被选中参加核潜艇研制任务。

当时，有关核潜艇的一切都是核心机密，黄旭华和他的年轻伙伴们，没有人见过核潜艇，也很难从国外拿到一点关于核潜艇的现成技术资料。即便如此，他们也没有灰心，而是鼓足干劲一边琢磨一边学习，一边研究一边验证，横下一条心，没有条件就创造条件摸索向前。最后，大伙大海捞针般从国外的新闻报道中搜罗有关核潜艇的只言片语，仔细甄别这些信息的真伪，拼凑出一个核潜艇的轮廓。

“从物质到知识，用一穷二白来形容一点也不为过。现在回头去看，当时连基本的研制条件都不具备，我们就开始干了。”多年后，黄旭华感慨。

幸运的是，有人从国外带回两个美国“华盛顿号”核潜艇的儿童模型玩具，玩具窗户掀开后，里面密密麻麻的设备，与他们构思的核潜艇图纸基本一样，这就验证了他们此前的探索，“核潜艇就是这样子，没什么大不了的”。

除了核潜艇模型之外，黄旭华一直珍藏着一个前进牌算盘。令人不可想象的是，首艘核潜艇几万个数据的取得，都是通过算盘和计算尺推算出来的。“比如，核潜艇的稳定性至关重要，太重容易下沉，太轻潜不下去，重心斜了容易侧翻，必须精确计算。”

更令人不可想象的是——磅秤称设备。为了确保潜艇的重心严格控制在设计范围内，黄旭华便在船台上放了一个磅秤，每个设备进艇时，都得过秤，记录在册。施工完成后，拿出来的管道、电缆及边角余料，也要过秤，登记准确。

这样“斤斤计较”的结果是，数千吨的核潜艇下水后的试潜、定重测试值和设计值完全吻合。

在这样一穷二白的基础上自力更生，中国核潜艇在没有外援、没有资料、没有计算机的“三无”条件下，立项 3 年后开工，开工 2 年后下水，下水 4 年后正式列装，创造了世界核潜艇研制史上前所未有的速度，使中国成为当时全世界 5 个拥有核潜艇的国家之一。

参与深潜试验的核潜艇总设计师

核潜艇的总设计师亲自参与深潜！这在世界上尚无先例。面对同事的劝阻，黄旭华斩钉截铁：“我是这艘核潜艇的总设计师，我对核潜艇的情感如同父亲对自己的孩子一般，我对潜艇不仅疼爱，更是信任。”

虽然造出了核潜艇，但核潜艇是否能够形成战斗力，则需要经过极限深潜试验的关键环节。

1988 年 4 月，中国南海，中国核潜艇首次进行深潜试验。

所谓深潜试验，就是考验核潜艇在极限情况下结构和通海系统的安全性，

第一代核潜艇工程 4 位总设计师合影（左起赵仁恺、彭士禄、黄纬禄、黄旭华）

工作中的黄旭华

在核潜艇的所有试验中，此项试验最具风险与挑战。

“艇上一个扑克牌大小的钢板，潜下数百米后，承受水的压力是 1 吨多，100 多米长的艇体，任何一个钢板不合格、一条焊缝有问题、一个阀门封闭不严，都可能导致艇毁人亡。”黄旭华清楚地知道深潜试验的危险性。

事实上，所有人都熟知的历史是，1963 年，美国某王牌核潜艇深潜试验还未到 200 米就沉入海底，艇上 100 多人无一生还。

核潜艇深潜前，有艇员向亲人嘱托了后事：“万一出现意外，你们不要为我难过，你们要因我而自豪！”有艇员在宿舍唱起了《血染的风采》：“也许我告别，将不再回来……”事实上，带着沉重的思想包袱去执行深潜试验，那是非常危险的。

“我是这艘核潜艇的总设计师，我对核潜艇的情感如同父亲对自己的孩子一般，我对潜艇不仅疼爱，更是信任。进行极限深潜试验虽然有风险，虽然不能绝对保证安全，但我已经决定，我将与大家一起下潜，一起在预定深潜海域挑战极限。”在试验前的动员会上，年过花甲的黄旭华作出一个惊人的决定——与大家一起下潜，一起在预定深潜海域挑战极限。

核潜艇的总设计师亲自参与深潜！这在世界上尚无先例。考虑到核潜艇深潜极限试验的危险性和艇内的恶劣环境，大家极力劝阻，但黄旭华态度坚决。他后来解释说，选择和大家一起下潜，一方面是稳定人心，鼓舞士气，消除大家的担心；另一方面是担心下潜过程中真的发生不可预测的状况，他能够第一时间观测、判断和处置，避免更大的灾难发生。“我是总设计师，我不仅要为这条艇的安全负责，更要为艇上 170 多个参试人员的生命安全负责到底。”黄旭华说。

试验当天，天公作美。5 级偏东风，浪高 1 米多，是南海难得的好天气。

潜艇慢慢下潜，先是 10 米一停，再是 5 米一停，接近极限深度时，潜艇开始 1 米 1 米地往下潜。深海寂寂，只听到巨大的水压压迫潜艇发出“嘎吱嘎吱”的响声，所有人都屏息静待。100 米，200 米，250 米……核潜艇到达了极限深度，然后上升，等上升到安全深度，艇上顿时沸腾了。

试验成功了。

《潜艇快报》的宣传干事请黄旭华挥毫题字，这个世界上第一个参与核潜艇极限深潜的总设计师欣然握笔："花甲痴翁，志探龙宫。惊涛骇浪，乐在其中！"

大海碧波，以身许国。黄旭华一生痴迷核潜艇，无怨无悔，纵有惊涛骇浪，依旧乐在其中，苦中有乐，苦中求乐。一个"痴"，一个"乐"，他说这两个字成了他一生的写照。

媒体多称他为"中国核潜艇之父"，他坚决反对。在他心中，核动力专家赵仁恺、彭士禄，导弹专家黄纬禄，都是"中国核潜艇之父"，在全国千千万万人的大力协同工作下，才有了中国第一代核潜艇。

他告诉记者："我这一辈子，只是做了自己应该做的工作，我代表的不是我个人，而是整个核潜艇研制团队，我的一切荣誉属于和我一起并肩战斗、把青春和热血都奉献给我国核潜艇研制事业的默默无闻的战友们，以及今天为了让核潜艇研制事业跟国家一样强起来而接续奋战的年轻一代，所有荣誉，名义上是我的，但实际上，是大家的，是集体荣誉。"

2013 年，黄旭华被评为"感动中国"十大人物之一。颁奖词如此写道："时代到处是惊涛骇浪，你埋下头，甘心做沉默的砥柱；一穷二白的年代，你挺起胸，成为国家最大的财富。三十载赫而无名，花甲年不弃使命。你的人生，正如深海中的潜艇，无声，但有无穷的力量。"

惊天动地与隐姓埋名

一辈子出不了名，当无名英雄，值得吗？面对这样的质疑，黄旭华给出了肯定的答案，他说，与"党和国家信任你"相比，"当无名英雄，是小事情！"

“当祖国需要我冲锋陷阵的时候，我就一次流光自己的血；当祖国需要我一滴一滴地流血的时候，我就一滴一滴地流。”这是黄旭华对祖国的表白，也是他一以贯之坚守的诺言。

事实上，从接到研制核潜艇这个绝密任务起，黄旭华30年没有回家，与亲友、同学彻底断了联系。“我的小学同学、中学同学、大学同学，从此都没有联系了。此后30年里，他们不知道我，我也不知道他们”。父亲直到去世也未能再见他一面，母亲从63岁开始掰着手指头一天一天地盼，家中的兄弟姐妹们也常有怨言，责其不孝。

1987年，上海《文汇月刊》刊登长篇报告文学《赫赫而无名的人生》，文中讲述了一个隐去姓名、隐去影像的导弹核潜艇的总设计师的故事，“他，恰是有为而埋名的人生，就像他负责设计的潜艇（而且是核动力的），久久地潜进深深的海洋，是赫赫的存在，又是无影的存在”。

故事的主角正是黄旭华，作家祖慰在文中回忆：“我想给他的大额头拍照，可采访过他的一位女记者提醒我说：不行。他从事的工程，荣获国家颁发的科学技术进步奖特等奖。他本人有一单项获国家科学大会奖，他还是船舶总公司的劳模。你注意到了没有？报纸发表时，其他劳模都有照片，唯独他没有。他的影像保密，可看而不可拍照，就像珍贵文物一样，挂有‘请勿拍照’的牌子。”

虽然文中只提到“黄总设计师”，但看到文章的母亲还是坚定地相信这个“中国核潜艇黄总设计师”就是她离家多年的三儿子。她戴着老花镜一遍遍地读着文章，老泪纵横。之后，母亲将家里的其他兄弟姐妹召集到一起，跟他们讲：“这么多年，三哥的事情，你们要理解，要谅解他。”

“时时刻刻严守国家机密，不能泄露工作单位和任务；一辈子当无名英雄，隐姓埋名；进入这个领域就准备干一辈子，就算犯错误了，也只能留在单位里打扫卫生。”黄旭华回忆，这是刚参加核潜艇研制工作时，领导给他提的要求。他毫不犹豫地答应了。

一辈子出不了名，当无名英雄。曾有人问他：“一般的科学家都是公开提

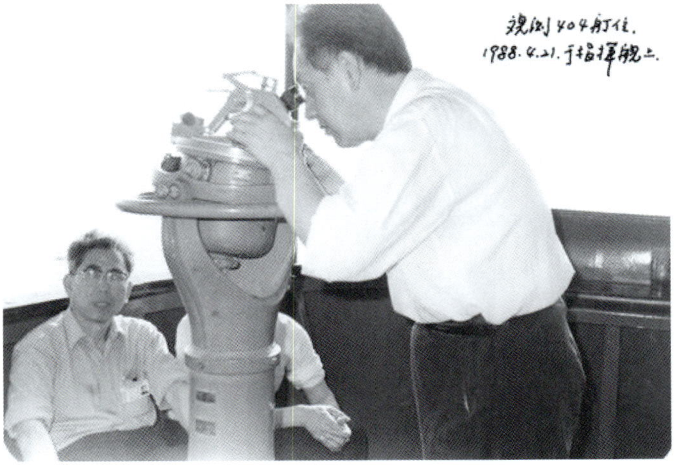

1988 年，黄旭华（右）观测核潜艇艇位

1988 年，404 艇深潜试验胜利归来

出研究课题，有一点成就就抢时间发表，而你们秘密地搞课题，越有成就越是把自己埋得深，你能承受吗？”

“我能承受。”黄旭华给出了肯定的答案，他说，与“党和国家信任你”相比，“当无名英雄，是小事情！”然而，隔了几十年的岁月再回头看当年的选择，黄旭华也坦承：“隐姓埋名当无名英雄，也有难以忍受的痛苦。”

总有人会问他：“忠孝不能两全，是否后悔？”他在做客中央电视台节目《开讲啦》时做出了回应：

“核潜艇阵线的广大员工，呕心沥血、淡泊名利、隐姓埋名，奉献了一生最宝贵的年华，还奉献了终生。如果你们要问他们这一生有何感想，他们会自豪地说：这一生没有虚度。再问他们对此生有何评述，那他们会说：自己是中华民族的儿女，此生属于祖国，此生属于事业，此生属于核潜艇，此生无怨无悔！”

2014 年，作词家阎肃为黄旭华写词：“试问大海碧波，何谓以身许国？青丝化作白发，依旧铁马冰河。磊落平生无限爱，尽付无言高歌！”

2017 年，《光明日报》发表评论员文章《新时代呼唤更多黄旭华》，文中称：“‘家国情怀’这个词虽然宏大但并不空洞，黄旭华这样的‘国之脊梁’为这些所谓的‘大词’注入了血与肉。……这位倔强的老人，投身我国核潜艇事业近六十载，他守护的是大国重器，更是不曾放弃过的中国梦。”

在日本飞机的轰炸声里决定的人生

如今，第一艘核潜艇已经退役，但年过九旬的黄旭华仍在“服役”中。他说：“我决心与新老核潜艇人一道，像当年干第一代核潜艇那样，无所畏惧，一往无前，把核潜艇精神传承下去。”

“我的人生，就是在日本飞机的轰炸声里决定的。”黄旭华说。

时间回溯至1924年，黄旭华出生于广东海丰县的一个乡医之家，原名黄绍强。父亲黄树榖与母亲曾慎其都接受过西医教育，以诊所和药房悬壶济世。黄旭华回忆，无数个夜晚，只要有人来敲门请母亲去接生，母亲总是放下一切，拿起药包就走。好多人接生交不起医药费，母亲总是说，不要想太多，小孩儿会叫人的时候，你抱过来叫我一声干娘就好了。受父母影响，幼年时期的黄旭华希望自己长大以后也能当医生，以更高的医术拯救病人。

少年时期，黄旭华曾参加过当地的抗日宣传队，在《不堪回首望平津》的话剧中扮演小姑娘。他演得认真，台下看的人也很动情。演着演着，台上台下就越来越激动。抓到汉奸后，台下无数的观众含着泪水一起高喊："杀！杀！""那时我就想，长大后，我一定要为国家做一点事情。"黄旭华回忆说。

在日军肆虐的年代，中华满目疮痍，从广东海丰到广东揭西再到广西桂林，黄旭华一路颠沛流离，艰难求学。但即便是在山区的草棚子里上课，日本飞机也常来侦查轰炸。在山洞里躲避空袭的时候，有3个问题始终在他心里浮现："我想为什么日本人敢这么猖狂，想登陆就登陆，想轰炸就轰炸？为什么我们中国老百姓不能生活在自己的土地上，而却要四处逃难，妻离子散？为什么我们中国这么大的土地，我却连一块可以安下心来读书的地方都没有？"怒火在心中熊熊燃烧，他也因之改变人生志向："我不学医了，我要学航空、学造船。将来我要制造飞机，保卫我们国家的蓝天。或者我要制造军舰，抵御外国从海上进来的侵略。"

1944年，黄旭华几经辗转来到重庆，进入国民政府为流亡学生开办的大学特设先修班，1年后以优异的成绩被国立交通大学录取，学习船舶制造专业——从此他的一生再没有离开大海。

同学们对这个来自广东的大脑门小子的印象是：爱喝稀饭、爱吃红薯的穷学生，一边上学还得一边去当家庭教师；爱唱歌，会唱的歌抄了厚厚一本，会拉小提琴，会吹口琴，他也因此成为交通大学"山茶社"（一个专演文艺节目的进步学生社团）的一员，演自编的歌剧，教唱进步歌曲。1947年去南京请愿的“护校运动”中有他，还指挥大家演唱《国际歌》《马赛曲》……

时光荏苒，甲子沧桑，黄旭华在“日本飞机的轰炸声里”铸就的初心，依然未改。虽然年事已高，黄旭华还在为中国的核潜艇事业殚精竭虑，为年轻的科研人员加油鼓劲。他说：“我决心与新老核潜艇人一道，像当年干第一代核潜艇那样，无所畏惧，一往无前，把核潜艇精神传承下去，同年轻人一起奋斗，创造新的辉煌！”

2019年，黄旭华获习近平总书记亲自颁发“共和国勋章”；2020年，他再次从习近平总书记手中接过国家最高科学技术奖证书。

他的致辞令无数人感动：“核潜艇研制是一项伟大而艰辛的事业。我有幸全程参与了中国核潜艇从无到有、从弱到强的伟大事业。核潜艇事业是国防事业发展的缩影，我为祖国取得的历史性成就、实现的历史性变革而骄傲，为自己是一名国防建设的老兵而自豪。誓干惊天动地事，甘做隐姓埋名人。我和我的同事们，此生属于祖国，此生无怨无悔。”

黄旭华
谈
科学家
精　神

——我不太主张大小事情都是领导一个人干，干不好的。对于技术上的问题，我主张多听同志们争辩，争辩越多越好。

——任何工作都有苦有乐，作为一项特殊工作，科研工作虽然枯燥，但一旦能够突破，那叫作其乐无穷。

——我最近常常想，我这一生宁可默默无闻、隐姓埋名，这样可以专心搞研究，在科学上成就可能更大一些。名利思想，对一个人没有好处。

——我们现在有些年轻人，这山看着那山高，老是把工作当作一个跳板，不安心工作，也不安心学习，多可怜，一晃几年过去人就老了。我希望年轻人看准方向就坚持到底。

——国际上高精尖的核心技术，我们要不来，也买不来，只能立足国内，这一点科研人员要牢牢记住。

——科研工作，特别是军工科研工作条件都特别艰苦。今天条件好了，但是任务又不一样，前进道路不可能平平淡淡，往往荆棘丛生、障碍重重，大家要有吃苦耐劳、百折不挠的精神。

——现在的科学技术涉及很多学科，一个人要懂得与所有的协作单位密切协作。科研无止境，没有一生奉献给科研事业的决心，很难成功。

王大中：

『释放最大核能量』是我的爱国方式

王大中，国际著名核能科学家、教育家。1935年出生于河北省秦皇岛市昌黎县，1958年毕业于清华大学工程物理系，1982年获德国亚琛工业大学自然科学博士学位。历任清华大学核能技术研究所研究室主任、所长，清华大学核能与新能源技术研究院（以下简称清华大学核研院）院长、总工程师，清华大学校长等职务。

他一生为核，一生为国。在国家需要核能时，他毅然选择了核反应堆专业；在核能发展陷入低谷时，他坚持初心，不言放弃；在卓有远见地认定了"固有安全"的学术目标后，他持之以恒，数次在世界核能陷入低谷时，为我国安全核电确定了正确的技术路线，最终在全球首次实现"固有安全"，走出了我国以"固有安全"为主要特征的先进核能技术从跟跑、并跑到领跑世界的成功之路。

王大中于1993年当选中国科学院院士。曾获国家科学技术进步奖一等奖2次（均为第一完成人），以及何梁何利基金科学与技术进步奖、国家级教学成果特等奖、全国"五一劳动奖章"等多项荣誉；2021年11月获2020年度国家最高科学技术奖。

王大中院士

在得知自己获得2020年度国家最高科学技术奖后，中国科学院院士、著名核能科学家王大中向采访他的媒体记者发布了一段视频。

视频中，这位年过八旬的老人首先表达的是歉意——因疫情防控要求，不能到采访现场，为此，他感到“很抱歉”。“国家最高科学技术奖是份沉甸甸的荣誉，它属于集体，属于所有知难而进、众志成城的‘200号’人，也属于所有爱国奉献、努力拼搏的科技工作者。”王大中自谦地表示。

的确，不论在什么场合，他都是一个不喜欢“缺席”的人，尤其是在他挚爱一生的核能技术领域。几十年来，他几乎从未“缺席”。

2021年9月12日9点35分，山东石岛湾，随着反应堆控制棒逐步提出，石岛湾高温气冷堆核电站示范工程首次达到临界，机组正式进入“带核功率运行”状态，这意味着由清华大学与中国华能集团有限公司、中国核工业集团有限公司共同研发建设的世界首座球床模块式高温气冷堆示范电站正式启动运行。

86岁的王大中在他的学生、清华大学核研院院长张作义的陪同下见证了这一重要时刻。

王大中曾说，他几十年的科研生涯主要就是建了3个核反应堆。从20世纪60年代新中国首座自行设计与建造的屏蔽试验反应堆，到20世纪90年代5兆瓦低温核供热实验堆，再到21世纪10兆瓦高温气冷实验堆，这三个核反应堆极大地推动了我国核能科技的发展。

在他心中，科技创新就是这代科研工作者最主要的爱国方式：“我相信只要我们每个人都坚定信心、勇敢向前，我们的国家就会有无限光明的未来。”

平均年龄 23.5 岁的“200 号”

从最初的原子能研究基地，到后来的核能技术研究所，一直到如今的清华大学核研院，清华人始终习惯称之为“200 号”——透过这个名字，仿佛能听到那段激情燃烧的岁月中，一群平均年龄 23.5 岁的年轻人坚定地喊着：“用我们的双手开创祖国原子能事业的春天！”

1953 年，怀抱着献身祖国科技事业的信念，王大中考入清华大学机械工程系。偶然的机会，他看了介绍苏联第一个原子能发电站——奥布灵斯克核电站的纪录片，原子核裂变释出的巨大能量，以及在那厚厚的混凝土墙和自动开启的铸铁门后的核反应堆，都给他留下了强烈印象。为祖国核能事业奋斗终身的梦想种子就这样种在了王大中心上。

1955 年，为了发展我国的原子能事业，清华大学开始筹建工程物理系并从校内抽调了一批优秀学生，其中就包括读大二的王大中。不过与大多数同学选择核物理不一样，他主动选择了反应堆专业。“链式裂变是怎样发生的？是怎样被控制的？能量又是怎样传出和利用的？正是这种好奇心驱动着我选择了这个专业。”王大中说。

在清华大学，一直流传着一段关于“23.5 岁传奇”的故事。

鼎鼎大名的清华大学核研院在核行业内和清华大学校内被称为“200 号”，这也是核研院建院初期在校内的工程编号。

“200 号”最初因一座功率为 2000 千瓦的屏蔽试验反应堆而建。

1960 年，京郊昌平的虎峪山区，一群清华大学师生开启了艰难的建堆之路，王大中也是其中之一。

这个位于燕山脚下的屏蔽试验反应堆是我国第一座自主设计和建造的核反应堆，当时参与研究和建设的人员平均年龄只有 23.5 岁。

面临国外技术封锁，我国迫切需要自力更生地发展自己的核力量，打破垄断，振兴核能科学技术。参加屏蔽试验反应堆筹建的清华大学师生喊出了响亮的誓言：“用我们的双手开创祖国原子能事业的春天！”

信念是炽热的，现实却是冰冷的。17 个供应系统、数千个机器零部件、几百台仪器设备、20 万米管线……屏蔽试验反应堆的设计和建造对于当时一穷二白的新中国来说，是一项异常艰难的任务。

建设条件之艰苦自不必多说，人员吃住都在马棚里，以至于流传着一个“二两坡”的笑谈。从清华园到虎峪村要先坐火车，再走 10 里山路，师生们开玩笑称那段山路为“二两坡”——爬一次坡能消化 2 两馒头。

更难的是科研上的硬骨头。“当时反应堆这门课程并没有教材，只能从实践中摸索。”王大中说，各国对反应堆的研究保密，他们中谁也没有见过反应堆，摆在面前的只有一张来自苏联的不完整的图纸。

“当时遇到了很多困难，但也充分锤炼了我们知难而进、艰苦奋斗的精神。”在一次与清华大学学生的面对面交流中，王大中回忆起那段艰苦岁月时，称“建堆也是建人”。

在吕应中教授的带领下，这群年轻人用几十台手摇计算机进行数值计算，自力更生、咬牙拼搏。从“马粪纸”模型做起，再到“三合板”、玻璃模型，逐渐搞清楚反应堆堆芯、各种工艺系统和建筑结构。

经过整整 6 年的努力，我国第一个自主设计、建造的屏蔽试验反应堆于 1964 年成功启动，顺利达到临界运行。在这个坚韧的集体中，王大中既参与了物理设计、实验、调试运行，又做模型、挖地基、搬砖头，经受全面锻炼，成长为具有工程实践经验和战略思维的领头人。

王大中曾颇有感慨地说：“只有将‘开拓创新’与‘科学求实’很好地结合起来，才能事业有成。6 年建堆的奋斗史告诉我们，科学攻关的过程绝不是一帆风顺，而是充满着困难、挫折和风险的，只有知难而进、执着追求，才能到达成功的彼岸。当年平均年龄只有 23.5 岁的一批年轻人之所以能建成反应堆，靠的是团结的力量和集体的智慧，它使我认识到，现代大型高科技项目往往是多学科的集合，是科学与技术、工程与科学的综合体。只有参加这种项目的每个人都充分发挥出自己的聪明才智，同时又把所有人的聪明才智充分地集中起

1980 年，王大中（前排左三）在歌德学院学习德语期间和朋友们留影

1989 年 11 月，王大中（左一）宣布 5 兆瓦核供热反应堆启动运行成功

来，形成群体的优势，才能在高科技领域作出对国家、对人民有益的贡献。”

给“球床堆之父”带来惊喜

1956年美国著名核科学家爱德华·泰勒就指出，要使公众接受核能，反应堆的安全必须是“固有安全”。这是核能安全的最高目标，只有抽出所有控制棒而堆芯不熔毁，设计才是足够安全的。但这只是一个梦想，在实际核能技术上一直未能实现。

“从0到1”，正当中国人想要开创自己“原子能事业的春天”时，1979年，美国三里岛压水堆核电站发生堆芯熔毁事件，给全球敲响了核安全的警钟，也将世界核能事业拉入低谷。安全，像一座大山，压在了所有核能科学家的头上。王大中敏锐地意识到，安全是核能发展的生命线。

1980年秋，45岁的王大中获得德国洪堡奖学金资助，赴德进修。他先在弗赖堡的歌德学院学了4个月德语，次年1月进入联邦德国于利希核研究中心，师从“球床堆之父”苏尔登教授。

这个超龄学生，很快就给苏尔登教授带来了惊喜。

王大中前瞻性地选择了最前沿的“模块式中小型高温气冷堆”作为研究方向。“尽管这个方向当时只是一个概念，但我觉得它对我们国家会有用途。因为我始终认为对核能的利用来说，安全就是生命线，所以必须要把安全始终放在第一位。”看中这一点的王大中开始深入思考，并毅然选择了这一研究方向。

将概念变为现实的路上，困难重重。王大中创造性提出“双区球床堆”方案，在堆芯中央构建一个石墨球区，以降低堆芯热点温度，从而在保持模块式高温堆优异安全性能前提下，大幅提升单堆设计功率。

当他将这一方案和验算结果交给苏尔登教授时，教授惊喜地说：“过去认为单堆功率提高 10% 就很不容易了，现在你的设计方案可实现大幅度提高，这是很了不起的，这种环形堆应该申请专利。”

仅用 5 个月的时间，王大中就完成了环形堆的初步概念设计。这一发明，后在德、美、英等国获得发明专利权。他以此工作为基础完成的博士论文，以“全优”成绩通过论文答辩，仅用 1 年多时间就获得亚琛工业大学自然科学博士学位，被当地媒体评价为“中国人创造的一个奇迹”。

而后，这个“创造奇迹”的中国人回国开启了另一段传奇。

1982 年 10 月，王大中回国不久被任命为清华大学核能技术研究所副所长，1985 年担任所长职务，开始主持低温核供热堆研发工作。

1986 年切尔诺贝利严重核事故使世界核能的发展再次转入低谷，核安全问题更加凸显。但此时，王大中并没有动摇。他坚信，只要解决了安全性问题，核能还是有广阔前景的，而全新的、具有“固有安全”的模块式高温气冷堆将会成为核能重要发展方向之一。

王大中跟踪国际高温堆发展前沿，果断做出重大选择：一是球床模块式高温气冷堆堆型；二是从小规模实验堆到全尺寸工业示范电站的发展路线；三是在重要技术上坚持自主创新的原则。

这三个重大选择对中国乃至世界高温气冷堆技术发展方向起到了重要影响，明确了中国高温气冷堆从当时起的未来 30 年的技术发展路线。

1989 年 11 月 3 日，清华大学核能技术研究所耸立起一座新落成的乳白色建筑物——清华大学 5 兆瓦低温供热实验堆。

室内，指示控制棒位的荧光屏闪闪发光，经过放大的中子计数器“嗒嗒”作响，人们屏气凝神地等待一个时刻的到来。

时针指向 16 时 53 分，主控制室各仪表都显示反应堆已到达首次临界，时任核能技术研究所所长的王大中激动地宣布：“5 兆瓦低温供热堆首次临界运行成功！”

这座反应堆在全球范围内首次采用了一体化全功率自然循环和新型水力驱动控制棒技术，实现了非能动安全性。当时联邦德国总理科尔的核能总顾问弗莱厄博士曾评价：“这不仅在世界核供热反应堆的发展方面是一个重要的里程碑，同时在解决很多国家存在的污染问题方面也是一个重要的里程碑。”国际原子能机构评价认为：“该堆充分利用了非能动安全设计，具有非常高的安全裕度，达到了很高的安全性和可利用率。”

“他的远见让人觉得有点近乎神奇。”谈到导师王大中，清华大学核研院院长张作义说，“2000 年后，模块式高温气冷堆才被国际核能界公认为第四代先进核能技术的代表，而老师在此十几年前就认定了这个方向。”

“在目标定位上要‘跳起来摘果子’，如果目标过高或过低，只能无功而返，或达不到预期成果；‘跳起来摘得着’才是适度的高标准。设法使自己跳得高一些，这样才能实现勇于创新与务实求真的结合。”王大中这样总结项目经验。

如果说这是他的第一“跳”，那么之后他又不断向科研高峰攀登求索，继续跳起来摘更高的果子。

从“学世界”到“看中国”

在实现“固有安全”反应堆的攻坚之路上，王大中带领他的研发团队，以高瞻远瞩的战略眼光，凭借“一张蓝图绘到底，一股韧劲干到底”的精神，走出了中国自主研发建设先进核能系统的创新之路。

王大中曾说，他几十年的科研生涯主要就是建了 3 个核反应堆——参与建设屏蔽试验反应堆，主持研发建设 5 兆瓦低温核供热实验堆和 10 兆瓦高温气冷实验堆。这三个核反应堆，是我国核能科技创新发展的 3 个标志性成就；这三个核反应堆的发展史，是王大中从反应堆专业青年学子到核能技术领军人物的成长史，更是一代代“200 号”人爱国奉献、矢志报国的奋斗史。

在国家 863 计划支持下，由王大中带队，于 20 世纪 80 年代后期开启、1992 年立项、2000 年建成的 10 兆瓦高温气冷实验堆，是世界首座球床模块

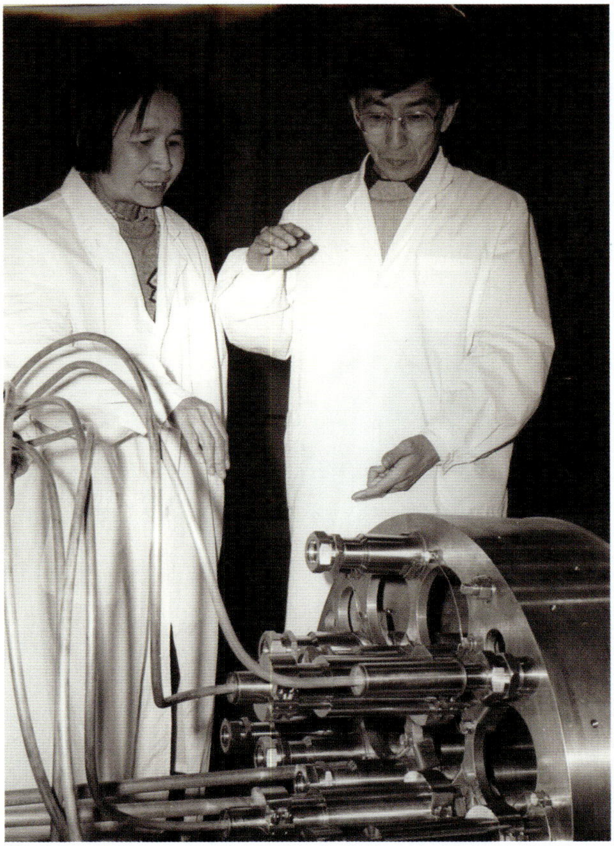

20 世纪 80 年代，王大中（右）和清华大学核能所副所长林家桂研究员在一起讨论

式高温气冷堆，它的建成标志着我国掌握了球床模块式高温气冷堆的关键核心技术。

2005年7月，在10兆瓦高温气冷实验堆进行的泰勒设想的抽出所有控制棒且叠加不紧急停堆的实验，成功验证了高温堆的固有安全性，这在世界上尚属首次。

跨越半个世纪，泰勒的构想终于在中国变成了现实。美国《连线》(*Wired*)杂志称其是“不会熔毁的反应堆”，“一种固有安全的核能系统，达到了当今世界核能安全的最高水平”。2011年，日本福岛核事故后，10兆瓦高温气冷堆被《纽约时报》评价为是具有革命性的反应堆，即使在福岛那样的灾害条件下，反应堆也是安全的，不会发生灾难性后果。

按照国际原子能机构的分类标准，王大中领导发展的低温堆和高温气冷堆，让中国成功地占据了世界核能安全领域制高点。

10兆瓦高温气冷堆建成后，王大中又推进单一模块反应堆功率放大25倍的世界首座工业规模的模块式高温气冷堆核电站的建设，其工程规模相当于我国秦山核电站30万千瓦核电机组。

2006年，大型先进压水堆及高温气冷堆核电站被列为国家16个科技重大专项之一。高温气冷堆核电站是其中一个分项，其核心工程目标是在山东荣成石岛湾建设一座电功率为200兆瓦的高温气冷堆核电站示范工程。这是王大中亲身经历的第四座反应堆，他的学生张作义被任命为重大专项总设计师。

“走球床模块式高温气冷堆技术路线”和“在核心关键技术上坚持自主创新”，只是王大中在20世纪80年代做出的3个重大战略性选择中的两个。另外一个是要践行“从小规模实验堆到全尺寸工业示范电站的发展路线”。这条路线在山东石岛湾核电站的建设上体现得淋漓尽致。

“近几年，美欧核电联盟一直想建设一个类似的工业示范工程，但工程尚未开工，进度已经落在我国后面。”张作义说。

这个示范工程的研发建设，使我国系统掌握了商用球床模块化高温气冷堆技术，形成了完整的中国品牌高温气冷堆型号设计技术和设计能力。

2021年8月，石岛湾核电站获颁运行许可证。2021年9月12日，86岁的王大中来到石岛湾核电站。这一天，这里的反应堆首次达到临界状态，机组正式开启带核功率运行。

从 2012 年 12 月正式开工建设算起到正式运行，石岛湾高温气冷堆核电站示范工程也已经走过了近 9 年。这座示范工程全方位实现了自主创新，关键技术和设备全部实现国产化，是世界首座工业规模的球床模块式高温气冷堆核电站。

在王大中的推动和指导下，清华大学“200 号”在 20 万千瓦示范工程基础上，联合中国核工业集团有限公司完成了商业规模 60 万千瓦高温气冷堆核电厂的标准设计。

在他的带领下，我国攻克了全陶瓷型高性能球形燃料元件批量制备等世界难题，建设了世界目前唯一一条工业规模的球形燃料元件生产线，完成示范电站首炉堆芯 70 万个燃料球的生产。

美国核学会前主席、麻省理工学院卡达克教授参观了正在建设的高温气冷堆示范工程后，说：“中国毫无疑问是全球高温气冷堆的领跑者，而且在未来很长一段时间，中国将继续引领世界。”

由于其突出的安全特性和多用途等技术优势，以及我国高温气冷堆核电站建设的示范效应，沙特、约旦、印尼等国与我国签署了合作协议，开展建设高温气冷堆核电站的项目前期工作。

正是得益于王大中的贡献，石岛湾高温气冷堆核电站实现了并网发电，我国第一次在工业规模的先进反应堆技术上领先世界。中国高温气冷堆事业终于实现了由跟跑、并跑向领跑世界的转变。

回首来路，这是一条充满艰辛的创新之路。国际上类似团队的领军科学家曾感叹，先进核能项目能否成功不在于谁更聪明，而在于谁更能坚持。

“为了建成高温堆，许多同志从青年干到中年，从中年干到退休，他们几乎把毕生精力都贡献给了研究与开发高温堆的事业。正是这种持之以恒、数十年磨一剑的精神构成了我们实现自主创新的制胜法宝。”王大中说。

清华大学原常务副校长何建坤这样评价：“王大中先生几十年坚持一个方

向冲锋，从未动摇，这种坚韧也是其科学家精神的体现。”

“建堆育人”的引路者

“我们一定不能辜负党和国家对我们的重托，不能辜负全国人民寄予我们的厚望，一定要把建设世界一流大学的创议变成创举。”1994 年，王大中被任命为清华大学校长，由此开启了另一段精彩的人生历程。

“对于一些关键技术，当时有人建议从其他国家购买相关技术文档，王大中团队经过科学调研，下定决心要在充分了解世界最前沿的基础上，进行自主研发。”清华大学核研院院长张作义说，这个决定影响深远，从此开放条件下的自主创新成为团队的研发主线。

张作义现在的办公室正是当年王大中工作过的地方，房间里还陈列着当年王大中去国外调研的照片。

王大中不仅是成绩斐然的科学家，也是卓有建树的教育家。1994 年至 2003 年，在清华大学校长任上，他带领学校领导班子提出“综合性、研究型、开放式”的办学思路，制定“三个九年、分三步走”的世界一流大学建设总体发展战略，确立了“高素质、高层次、多样化、创造性”的人才培养目标，完成了综合性学科布局。2020 年是“三个九年、分三步走”总体发展战略的收官之年，清华大学总体办学实力和国际声誉显著提高。

“10 年里，我们时常可以看到他朴实的身影和著名的不会丢的‘二八’自行车。”学生们说，王大中经常骑着旧自行车在校园穿行，“吱呀”作响的“校长自行车”的故事至今为清华学子津津乐道。

作为一校之长，王大中因认真务实、宽厚谦和而备受师生爱戴。他曾把厚重的国外大学的信息资料一本本带回学校；也曾把收集到的厚厚一叠新年贺卡交给清华大学新闻中心供他们参考；他会在上下班路上，倚着自行车听普通教师向他反映系里的工作情况；也会在清晨 6 点多到图书馆调研，帮助学生们解决早晨进馆拥挤等问题……

2003 年，王大中离任。当年毕业季，清华大学毕业班学生强烈要求和已经离任的王大中合影。学校相关部门应毕业生的要求发出通知后，很短时间就有 168 个班级近 5000 人报名。

王大中既具备老一辈科学家生活简朴、淡泊名利等可贵特质，同时也多才多艺、乐观开朗。他曾是学生舞蹈队的主力，难度很高的鄂尔多斯舞跳得极其出色。在 10 多年前的清华百年校庆晚会上，王大中与清华舞蹈队新老舞蹈队员共跳鄂尔多斯舞的场景让他的学生们印象深刻。

“总是感觉特别温暖，被关心着。”在王奕眼中，父亲王大中“是一个好爸爸”。他特别在意培养她做事要诚实、认真不耍滑头，也总鼓励她说：“嗯，挺有潜力的。”作为开明有趣的父亲，他教女儿学骑自行车，冬天在清华大学荷花池教女儿学溜冰，还带着女儿做各式各样新颖的贺年卡。“爸爸带着我，鼓励我勇于去尝试新鲜的事物。”

带团队也是这样，他不仅带出了能够承担理论研究和重大工程项目、充满活力的创新团队，还为清华大学创建世界一流大学作出很大贡献。

“王大中同志大力倡导集智攻关、团结协作，引领清华大学核研院形成了另一个‘大’的特色——‘大团队’攻关。”清华大学核研院党委书记唐亚平说，王大中坚持“建堆育人”，在重大决策中发挥引领示范作用，而且言传身教、悉心指导。

清华大学核研院副院长石磊至今记得自己刚刚来到清华大学核研院攻读博士学位时的情景。那时，面对他这样一个对核工程几乎一无所知的新生，王大中说，要成为一名合格的科研人员，必须掌握多学科知识，不仅要有深厚的理论功底，还要有丰富的工程设计经验，不能纸上谈兵。这些都需要沉下心去，耐得住寂寞，没有十年磨一剑的精神，是干不成大事的。“经过多年的学习和工作之后，我才真正认识到，正是拥有了这种潜心钻研、坚持不懈的创新精神，清华大学核研院才能在先进核能系统的领域里取得一次又一次成功。”石磊说。

“王大中老师不仅是我的学术导师，更是我的人生导师。”他还记得王大中批改的博士论文，“我的博士论文满篇都是王老师亲自修改的痕迹。他当时是清华大学校长，工作非常繁忙，还找我一章一节、一段一句仔细讨论。”石磊回忆，王大中不仅就论文整体的逻辑框架、论述分析给出了具体的修改意见，甚至小到文字标点、图标符号的错误，都一一指出。这种耐心的讲解，深深触动了石磊：“王老师这种治学严谨、一丝不苟的学风让我终身受益。”

“大约 20 年后的今天，我们这一代清华大学核研院人高兴地宣布，我们成功地化解了三大挑战，实现了两个台阶的跨越。”在清华大学核研院建院 60 周年纪念大会上，张作义表示，在跨越第二个台阶方面，在王大中、吴宗鑫为代表的老一代科学家言传身教下，年轻一代迅速成长起来，正在成为清华大学核研院面向未来的新一代学术带头人。

“年轻的时候，我们曾喊出‘用我们的双手来开辟祖国原子能事业的春天’的誓言，我一直在践行这样一个誓言，努力做得更多、做得更好。”今天，王大中仍引领着团队勾画着原子能事业的宏伟画卷。

王大中

谈

科学家
精　神

——科研工作是一项崇高的事业，值得一辈子去追求和奋斗。但是科研如登山，过程往往充满着困难、挫折和风险。我个人体会，克服这种困难需要有悟性、勇气和韧性。悟性，指的是一种分析问题的能力。勇气，就是要敢于尝试，敢于选择科技领域的无人区。韧性，就是在遇到挫折的时候，有百折不挠的劲头。

——我们科技工作者要自觉地为科技自立自强作贡献，科技创新就是我们最主要的爱国方式。

——攻克核心技术要经历多次失败，不可能一蹴而就，这是一个“十年磨一剑”的长期积累过程，既需要有知难而进的勇气，又需要有锲而不舍的韧劲。

——我们国家正处在最好的发展时期，科技自立自强是我们国家发展的战略支撑。

红色 国防

HONGSE GUOFANG PIAN 篇

在中华民族伟大复兴的征程上，一代又一代科学家心系祖国和人民，不畏艰难，无私奉献，为科学技术进步、人民生活改善、中华民族发展作出了重大贡献。新时代更需要继承发扬以国家民族命运为己任的爱国主义精神，更需要继续发扬以爱国主义为底色的科学家精神。

——2021 年 5 月 28 日，习近平总书记在中国科学院第二十次院士大会、中国工程院第十五次院士大会、中国科协第十次全国代表大会上的讲话

2017 年 4 月 26 日，中国第一艘国产航母（中国第二艘航母）——中国人民解放军海军山东舰（以下简称山东舰）正式下水，中国海军迎来了中国历史上第一艘真正意义的、完全具有自主知识产权的国产航母，实现了从辽宁舰研仿设计、修复续建到中型航母的完全自主设计、自主建造、自主配套的跨越，技术水平处于世界中型航母前列。

新航母的下水使中国成为世界上仅有的几个能够独立研制建造大中型航母的国家之一，也是中国海军发展战略向深蓝迈进的标志性事件。

2019 年 12 月 17 日，山东舰正式交付。它立足国内自主设计建造，重点解决了航母总体设计、船体建造、主动力装备国产化研制等问题，提高了综合作战效能和综合保障水平。

从 2013 年开工建设到 2019 年交付海军，山东舰经历了 6 年时间，这是我国国防装备建设的一个重大里程碑。

2022 年 6 月 17 日，中国第三艘航母——中国人民解放军海军福建舰（以下简称福建舰）正式下水，舷号为“18”。作为我国完全自主设计建造的首艘弹射型航母，福建舰采用平直通长飞行甲板，配置电磁弹射和阻拦装置，满载排水量 8 万余吨。自此，中国进入了航母“三舰客”时代。

习近平总书记指出：“当前和今后一个时期是国防和军队现代化建设的关键时期，要统一思想、坚定信心、鼓足干劲、抓紧工作，奋力推进国防和军队现代化建设。”

科技创新不仅是提高社会生产力和综合国力的战略支撑，也是保障国家安全的关键。今天的国家安全内涵已经发生了很大变化，空天、海洋、网络等新领域，如果没有高科技支撑，根本无安全可言。

实力是角逐的基础，也是话语权的依托。在锻造国家实力的历史进程中，国防科技工业责无旁贷地肩负起更大的历史重任。

科技决定国力，科技改变国运。党的十八大以来，面对新的国际战略环境，中国继续高度重视和加速推进武器装备研发，并取得了显著成就。

从货运飞船“天舟一号”筑梦天宫，到载人潜水器“蛟龙号”龙归大海；从首艘国产航母下水的举国欢腾，到光量子计算机诞生的振奋人心……每一项科技成果，都引领中国在世界政治、军事、外交舞台上大放异彩。

2019 年，在庆祝中华人民共和国成立 70 周年阅兵式上，国产新型远程战略轰炸机轰 -6N 首次亮相，作为国产新型远程战略轰炸机，轰 -6N 可进行空中受油，能够实施远程奔袭、大区域巡航、防区外打击，让人民空军的战略威慑和战略打击能力得到全面提升。

习近平总书记指出：“我国科技创新基础还不牢，自主创新特别是原创力还不强，关键领域核心技术受制于人的格局没有从根本上改变。只有把核心技术掌握在自己手中，才能真正掌握竞争和发展的主动权，才能从根本上保障国家经济安全、国防安全和其他安全。”

科技是国家强盛之基，创新是民族进步之魂。“一个国家是否强大不能单就经济总量大小而定，一个民族是否强盛也不能单凭人口规模、领土幅员多寡而定。近代史上，我国落后挨打的根子之一就是科技落后。”习近平总书记说，这是历史告诉我们的真理。

红色国防牵涉的是国脉国运，关系的是民族盛衰。只有站在科技发展的前沿阵地，不断创新突破，掌握核心技术，将国防技术与装备牢牢掌握在自己手上，我们才有底气笑对世界风云变幻，才有信心实现中华民族伟大复兴的中国梦。

2014 年 12 月，习近平总书记在全军装备工作会议上指出：“武器装备是军队现代化的重要标志，是国家安全和民族复兴的重要支撑。建设一支掌握先进装备的人民军队，是我们党孜孜以求的目标。”

强国必须强军，军强才能国安。一代又一代科学家，为了实现强军梦，艰苦创业、砥砺奋进，经历了从无到有、从小到大、从弱到强的涅槃过程，他们挺起了国家安全和国防建设的脊梁。

他们中，有中国现代预警机事业的开拓者和奠基人王小谟，他先后主持研制了中国第一部三坐标雷达等一系列世界先进的雷达，并率先发展国产预警机装备，构建了预警机装备发展体系，主持研制了我国第一代机载预警机系统，引领国产预警机事业跨入国际先进水平行列；有60多年来专注于研究火炸药的王泽山，他带领团队发展了关于火炸药的理论与技术，突破了多项世界性的瓶颈技术，书写我国火炸药顺利进入世界前列的传奇；有致力于我国海防科技事业40多年的刘永坦，他成功研制出我国第一部对海探测新体制雷达，陆续攻克制约新体制雷达性能发挥的一系列国际性技术难题，更带出一支作风过硬、能攻克前沿难题的“雷达铁军”，实现了我国对海探测能力跨越式发展；有建立了我国现代化防护理论体系的钱七虎，他解决了核武器空中、触地、钻地爆炸，以及新型钻地弹侵彻爆炸等若干工程防护的关键技术难题，完成了我国防护工程领域的时代跨越；还有新中国飞机设计事业的主要奠基人之一、在国内外享有极高声望的飞机设计大师顾诵芬，他组织攻克了飞机气动力设计等一系列航空关键核心技术难关，主持建立了我国飞机设计体系，并引领和推动我国航空体系建设，他任总设计师自主研制的国家重点型号，开创了我国歼击机从无到有的历史……

2016年11月，我国研制的第五代隐身战斗机歼–20和大型运输机运–20正式现身，成为我国进入大国空军俱乐部的亮丽名片；2017年4月26日，我国首艘国产航母在大连正式下水，标志着我国具备了独立建造航母的能力；2019年4月23日，人民海军055型驱逐舰在世人面前惊艳亮相，标志着人民海军武器装备建设进入世界一流水平……

我国首款飞行高度超30千米的无人机无侦–8，使我军具备了信息化、智能化的作战手段；东风–17弹道导弹具备全天候、无依托、强突防的特点，可对中近程目标实施精确打击，是用来消灭敌人重要反导防空系统的专门化工具，代表着中国已经在高超声速武器的发展方面走在了世界的前列……

从一系列新型空空、空地、地空导弹，到先进战略导弹、巡航导弹；从新一代武装直升机、新型主战坦克，到指挥自动化系统、战术软件，尤其是党的十八大以来，一大批信息化程度高、具备世界先进水平的武器装备列装部队，无不夯实着我国国防长城的根基。

“十三五”以来，我国的武器装备建设实现了跨越式发展：在装备建设总体形态上，基本建成以三代为主体、四代为骨干的装备体系，传统地面作战、近岸防御装备数量适度压缩，远海防卫、远程打击等新型装备加速发展；在联合作战装备体系上，陆上重、中、轻装备比例更加优化、整体推进建设，海上航母编队、两栖编队装备系列化发展，空中制空作战、电子对抗、运输投送等装备体系不断完善，中远程精确打击能力不断增强，基础信息网络覆盖国土；在骨干装备建设发展上，15 式新型轻型坦克、远程箱式火箭炮、直 –20 直升机列装部队，首艘国产航母、075 两栖攻击舰、055 万吨驱逐舰下水入役，歼 –20 飞机、歼 –16 飞机、歼 –10C 飞机代次搭配、形成实战能力，东风 –17 导弹、东风 –26 导弹等批量装备；在装备建设管理体系上，积极推进装备现代化管理体系建设，健全与新体制相适应的装备建设管理机制和工作模式，自主创新、自主可控、自主研制与开放交流相结合的装备发展格局正在构建。部队维修保障体系进一步完善，保障能力不断提高，全军装备发展建设和使用保障综合效益有效提升。

科技是现代战争的核心战斗力，必须下更大气力推进科技兴军。党的十八大以来，习近平总书记深刻把握世界军事发展大势和我军所处历史方位，着眼实现中国梦、强军梦，擘画科技创新蓝图，发出“科技兴军”的伟大号召，国防事业的工作者们深入实施创新驱动发展战略，不断提高国防科技创新对战斗力增长的贡献率。

军事领域科技创新成果犹如繁星闪烁，中国人民军队正加速向现代化奔跑！

王小谟：『预警机之父』打造『争气机』

王小谟，我国著名雷达专家、现代预警机事业的奠基人和开拓者，被誉为“中国预警机之父”。1938 年 11 月出生于上海，1961 年毕业于北京工业学院（现北京理工大学），从事雷达研制工作50余年，把自己的一生都奉献给了他所挚爱的雷达和预警机事业。

20 世纪 70 年代，他主持设计的 JY-8 雷达成为我国第一部自动化三坐标雷达。20 世纪 80 年代，他设计的我国第一部中低空兼顾的 JY-9 雷达，具有较强的抗干扰和低空探测性能，在国内外军事演习和综合评分中名列前茅。20 世纪 90 年代，他主持研制了我国第一代机载预警系统。21 世纪开始，他任出口型预警机总师、预警机总顾问，为我国预警机实现从国外引进到出口，进入国际先进水平作出了重大贡献。

王小谟 1985 年以来两次荣获国家科学技术进步奖一等奖；1995 年当选中国工程院院士。1997 年荣获光华科技基金奖一等奖、何梁何利基金科学与技术进步奖；2006 年获国防科学技术进步奖一等奖；2008 年荣获国防科学技术进步奖特等奖；2010 年荣获国家科学技术进步奖特等奖；2011 年荣获全国“五一劳动奖章”；2013 年 1 月获 2012 年度国家最高科学技术奖。

王小谟院士

2009 年 10 月 1 日，在庆祝中华人民共和国成立 60 周年的阅兵式上，当空警2000 预警机作为领航机型，引领机群，分秒不差地飞过天安门广场上空时，71 岁的中国工程院院士王小谟，在天安门城楼的观礼台上潸然泪下。这是王小谟主导研制的中国预警机第一次公开亮相。

2013 年 1 月 18 日，在北京人民大会堂的主席台中央，当王小谟接过大红色的国家最高科学技术奖获奖证书时，台下掌声雷动。人们用最热烈的掌声表达对“中国预警机之父”的崇高敬意。

“我一辈子就做了一件事：研制雷达，然后负责将世界上最先进的技术应用到预警机上，把设计变为现实。”轻描淡写的话语背后，是王小谟科研路上数十年如一日的执着坚守、创新图强，“中国梦，往大了说是国家强盛、民族复兴，在我这里，就是要把中国的预警机做到最好，做到卓越。”

唱京剧和造雷达相通

王小谟的人生有过很多选择。他说：“如果仅仅为了一个饭碗，我可能会选择去唱京剧、拉胡琴，但我最终还是选择了待在实验室。人的生命总要活出一些价值，我们这一代人有一个信念根深蒂固，那就是怎么报效国家。”

2019 年 1 月，在北京人民大会堂举办的第三届“杰出工程师奖”颁奖典礼上，王小谟上台拉起了京胡，与京剧名家李维康联袂表演了一出精彩的《凤还巢》，引发热烈掌声。

《光明日报》记者曾经撰文感慨，如果不去搞雷达，王小谟如今兴许会是一位唱京剧的名角。这并不是记者的胡诌，据报道，在王小谟高中时一块儿业余唱京剧拿大奖的同学里，有几位成了著名京剧演员；大学时他当团长的学生京剧团里，也走出了几位京剧名角。

王小谟说，小时候就喜欢两件事，第一是京剧，第二就是无线电。

京剧是当时的“流行音乐”。“我喜欢梅兰芳的戏，最爱一出《宇宙锋》。”王小谟回忆，童年时期曾住在北京报子街胡同，当时的京剧名家马连良也住在这里，王小谟从小耳濡目染，对京剧如痴如醉。

高中时期，王小谟成了学校京剧团的骨干。没钱进戏院，就从收音机里听。他想有台自己的收音机，但“家里根本负担不起”，只能自己买来各种零件组装。第一次听梅兰芳的京剧从自己组装的收音机里传出来，他兴奋得一夜未眠，对无线电波的好感顿生。

“我装的收音机比市场上的便宜多了，还能赶上‘国内水平’。”王小谟能装各种款式的收音机，有些邻居买不起收音机，就请他装，收音机坏了，也请他去修，也不免费，付少许的费用，或将剩余的零件留给他。

1956 年，即将高中毕业的王小谟有了两种选择，一种是去唱京剧，另一种就是上大学继续深造。当时，北方昆曲院相中了他，但家里反对，同时看中他的还有北京工业学院。他对无线电也有兴趣，就听从父母的安排，读了无线电系，主要学习雷达研制，从此与雷达结下不解之缘。

大学里王小谟的成绩在班上算中等。“我属于没好好上晚自习的。”王小谟说，“学校的京剧团、摩托队，我都是活跃分子。大二时，因为相位没有讲清楚，我物理口试才得了 2 分，用现在的话讲，‘挂科了’。但无线电原理等一些专业课成绩还是拔尖的。毕业设计时，我首次应用最佳相速方法设计雷达八木天线，获得优秀毕业设计的成绩。”

“唱京剧和造雷达是相通的。”在王小谟后来成了雷达研制的总设计师后，他觉得当总设计师的本事也有大学时当京剧团团长这份经历的功劳，因为做一个项目，就像演好一台戏，安排灯光、演员、乐队，就像组织一个几百人的研发班子，“首先主意要出好，然后要让大家心甘情愿地按照你定的目标去做。”

“人生关键在于坚持，坚持努力，不管干什么都会有出息。”对于放弃京剧选择雷达，王小谟并不遗憾，在他看来，兴趣是要培养出来的，“那时候是雷达发展的高潮，发展迅速，大家都以干这个为荣，因此我的内心也非常高兴。后来我也逐渐认识到雷达、预警机事业的重大意义，那就是要为国家站岗放哨。就这样，我对雷达、对预警机事业的理解，从一开始的感兴趣到热爱，到最后怀有责任感。”

山沟沟里“飞出”的三坐标雷达

“我科研生涯中最大的挫折就是研制383雷达的时候。”王小谟回忆，在贵州的寂寞山沟里搞383雷达的十几年里，“大部分时间都在失败，这次试不行，那次试不行，但是总的方向对了，最后获得了成功。”

走进中国电子科技集团公司第三十八研究所（以下简称38所）的大门，一座被命名为“使命”的雕塑跃入眼帘，两组交错旋转的环结构与雷达巧妙结合，使无形的雷达波显现成一幅世界版图。这个雷达的原型正是王小谟设计的中国第一部三坐标雷达——383雷达。

383雷达被誉为王小谟毕生所有雷达产品中的“长子”，它的横空出世，把我国带入了三坐标雷达技术世界先进行列之中，也实现了防空雷达从单一警戒功能向精确指挥引导的跨越，书写了我国雷达史上最壮丽的一个篇章。

将时间拉回到60多年前，从北京工业学院毕业的王小谟被分配到位于南京的中国电子科技集团第十四研究所（以下简称14所）工作，不久，根据中央关于建设大三线的指示精神，王小谟和同事们被调到贵州都匀的深山里，参与组建38所，在崇山峻岭中开始了长达十数年的三坐标雷达研究。

当时，三坐标雷达是国际雷达技术研究的前沿领域，14所于20世纪50年代末期，曾在苏联专家的帮助下开始三坐标雷达的研制。后来，由于中苏关

王小谟接受采访

王小谟（左三）指导技术人员工作

系破裂，苏联撤走了援助专家，只留下一厚摞资料，“这是我当时唯一能看的东西，但是这些资料只有一些最基本的东西，要把它变成现实还是非常难的”。

“接到任务的那天晚上，我夜不能寐，想着使命多么光荣而艰巨，但又深感到能力不足，不知从何做起。”多年后，王小谟撰文回忆，当时国际形势严峻，我国的引导雷达都是仿苏产品，迫切需要研制出自己的雷达装备部队，团队所有人都憋着一股劲，想要设计出我国第一部自动化三坐标雷达，为祖国争光。

王小谟回忆，38 所在贵州都匀的一个山沟里面，条件艰苦，交通也不方便，进一趟城买个东西都要走 1 个多小时。但是在这种安静寂寞的环境中，在这片青山绿水的怀抱里，反而适合静心搞研究，“山沟里条件苦，但生活比较平静，是出成果的时期”。

经过在贵州的寂寞山沟里的十几年苦干，我国第一部三坐标雷达——383 雷达诞生，这意味着我国雷达在自动获得目标距离和方位信息的同时，第一次可以同时获得目标的高度信息，并且在探测威力、三坐标测量精度和自动化程度等方面都优于当时世界的主流雷达。

然而科研攻关从来不是一帆风顺的。1979 年，王小谟率团队对 383 雷达样机进行试飞。在试飞的时候，雷达时好时坏，好的时候好得不得了，一坏又不行，很不稳定。王小谟指挥人员把每个部分都检查了，但查了又查仍然没发现有什么毛病。这么持续了 3 个月，还是一点办法都没有，王小谟自嘲“死”的心都有了。虽然嘴上说“死了算了”，但是雷达还是得做。“后来我们终于在一次偶然的机会下发现了症结所在，一切问题迎刃而解。”

“我科研生涯中最大的挫折就是研制 383 雷达的时候，大部分时间都在失败，这次试不行，那次试不行，但是总的方向对了，最后获得了成功。”在王小谟看来，中国电子工业就是在这样的环境下一步步成长起来的，很多困难都是暂时的，低潮也不会永远都是低潮，总会有高潮的时候。

1985 年，作为 383 雷达项目排名第一人，王小谟获国家科学技术进步奖一等奖。他幽默地说：“国家是体谅我们在山沟沟里做出这个雷达不容易。”

383 雷达的成功问世只是开始。1986 年，王小谟主持设计了我国第一部中低空兼顾的地面雷达 JY-9，被国际公认为优秀雷达，出口多个国家，同时也陆续装备国内。1995 年，王小谟再次作为项目排名第一人，荣获国家科学技术进步奖一等奖。

“中国人一定得有自己的预警机！”

“中国人一定得有自己的预警机！”恰如他当年坚信中国人一定能造出三坐标雷达，在预警机的研发上，王小谟保持了同样的自信，“中国人并不比外国人笨！外国人能做的，我们中国人一定能做到！我们不但要研制出预警机，而且还要研制出世界领先的预警机！”

预警机是集情报探测、指挥控制、通信导航、电子对抗、信息传输于一体的大型综合电子信息装备，是国土防空中增强低空、超低空预警探测和空中指挥引导能力的重要手段，是提高基于信息系统的体系作战能力的关键环节，更是体现国家综合实力和科技水平的标志性装备。

王小谟曾形容，预警机能做的事情大概相当于“晚上用肉眼看见 20 千米外有人划了根火柴”。自诞生以来，预警机一直是各军事强国着力发展的重点，但其技术高度密集，系统十分复杂，当时世界上只有美国、俄罗斯、以色列等少数国家具备研制能力。

拥有自己的预警机，一直是我国雷达科研工作者的梦想。20 世纪 90 年代，我国与外方签订合同，共同开发一架发展型预警机，由王小谟担任中方总设计师，然而，迫于美国压力，合作方单方面终止预警机合作研制合同。

在严峻的形势面前，王小谟积极向上级建议，自力更生，自主研发国产预警机。当时争议和质疑不绝于耳，批评者认为，“自己干”的做法是“赌博”和“冒险”。但王小谟态度很坚决：“做中国人自己的‘争气机’！”

他将“我们一定要争口气”这个口号放得很大，挂在试验场，每天都能看到。王小谟说，预警机精神里，“自力更生、创新图强、协同作战、顽强拼搏”，头一个就是自力更生。

“我当时想的是我们自己能做，为什么要买呢？”多年后，王小谟在接受媒体采访时回忆，“预警机最大的技术难点就是飞机飞到天上以后雷达是往下看的，往下看又有房子，又有地，怎么能够和飞机区分出来，怎么能够在这一大片的目标里面把飞机找出来，这是研制预警机最难的一个事情。但这个最难的问题实际上当时我们已经突破了，所以我们就觉得必须要自己干。而且国家非常重视预警机的研制，也准备投入大量资金，作为工业部门来讲，我们希望国家不要把这个钱花到国外，应该花到国内来。”

“我们自己能干！”看似轻飘飘的一句话背后，是长达 5 年的“711”工作制——每周工作 7 天，每天工作 11 小时以上。西北大戈壁上的试飞现场，夏日骄阳似火，预警机封闭的机舱内，温度达到了 40 多摄氏度；冬天滴水成冰，零下三四十摄氏度，即使裹着皮大衣也瑟瑟发抖。年近七旬的王小谟，带着技术人员埋头苦干，一上机就是 4 个多小时，晚上经常加班到凌晨，和设计师一起反复琢磨方案。

集中力量办大事。仅 1 年时间，王小谟带领的团队就把地面样机做好了，又过了 1 年，样机飞上了天。随后，他们又打破了从科研样机到研制成功至少需要 10 年的预言，仅花费了 5 年时间。最终，国产两型预警机创造了世界预警机发展史上 9 个第一，成为世界上看得最远、功能最多、系统集成最复杂的机载信息化武器装备。

2009 年 10 月 1 日，在庆祝中华人民共和国成立 60 周年的阅兵式上，站在天安门城楼的王小谟，看到国产预警机作为领头雁带着机群掠过天空，从来不掉泪的他，也终于忍不住在那一刻流下了泪水。“经过这么多年的努力，中国人自己的预警机终于研制出来，研制出来以后还飞过天安门广场，等于受到了国家非常高的认可，所以当时自己非常激动。”王小谟说。

2010 年，这一预警机项目获得国家科学技术进步奖特等奖。“中国采用相控阵雷达的预警机，比美国的 E-3C 整整领先一代！”美国政府“智囊团”詹姆斯敦基金会如此评论。

把人才当头等大事

“如果不想被其他国家超越，我们的技术只能不断更新。倘若自己跑不动了，就让下一代接着完成——还是那句老话，‘为国家争口气’。”年过八旬之后，王小谟依然雄心勃勃，想着在身体允许的情况下多带几个博士生。

2013 年初，王小谟获得了 2012 年度国家最高科学技术奖。他在发表获奖感言时感慨：“我这一辈子，此时回头看，人生在世，无非是明白一些道理。比如，人吃过真正的苦后，才懂得什么是甜；比如，遇到挫折时，要坚持、坚持，再坚持；比如，能一辈子做自己喜欢的事，并把这件事和为党和国家作贡献相连，就是一种莫大的幸福。”

在颁奖典礼之后，王小谟很快拥有了一个新身份：雷达创新奖励基金的第一任理事长。他将获奖后的大部分奖金都拿了出来，加上中国电子科技集团的资金，成立雷达创新奖励基金，用来奖励在预警和雷达方面作出重大创新的年轻人。

“科学研究主要靠人，一个国家真正的财富就是人才。”在王小谟看来，应注重科研人才的队伍建设，通过一些工程和项目把人才队伍培养出来。他以预警机的自主研发为例：“刚开始大家对这个领域也很陌生，不知该如何着手。但经过预警机的项目，现在已经知道怎么干了，再搞一个新的项目也没什么难的。这样就建立起了一个产业，培养了科研人才队伍。”

王小谟自称从来不是帅才，只是将才——给一个目标就去攻城夺寨。而在他手底下，也出了不少将才乃至帅才。他一向把人才当头等大事，在当年搬迁到贵州都匀的最困难时期，就敢咬咬牙拿出当时堪称巨资的 40 万元，从中国科技大学“买”了七名研究生回来。“现在看这七个人，都很有出息”。中国工程院院士、国产预警机总设计师陆军就是其中一位。

“人的一生当中会有各种各样的机遇，遇到王小谟院士是我一生中最幸运的事。”在陆军看来，王小谟是他人生道路上一位举足轻重的导师，引领他走上雷达和预警机研究之路。他回忆，当年进所不过 1 年，王小谟就把一个重要的雷达项目交给了他，让他做总设计师。他们一起到北京见军方代表，一见面对方就质疑：“怎么让一个孩子当总设计师？”对此，王小谟回应说：“第一，方案是我做的。第二，这个人聪明能干，一定能完成任务。”

王小谟的另一位学生曹晨，不到 30 岁，就当上系统副总设计师。“自己都没想到，王老师的魄力会这么大。按照他的总结，‘不是不管，不能全管’。因为他心里有底，能够准确预见可能出现的问题并提前做好预案。”

对人才有信心，敢于给他们重任再推一把，一大批年轻专家因此脱颖而出，成为我国军事电子领域的中坚力量。“我最大的贡献，就是说服了他们可以去干。”王小谟笑着说。

“如果不想被其他国家超越，我们的技术只能不断更新。倘若自己跑不动了，就让下一代接着完成——还是那句老话，‘为国家争口气’。”年过八旬之后，王小谟依然雄心勃勃，想着在身体允许的情况下多带几个博士生。

他希望中国的预警机研究团队更加强大，希望更多的年轻力量能够加入进来。在他看来，创新永无止境，只有不断前行才能保持先进，“因为我们已经跑在前面，前头没有了可以跟随的样本，每一步创新都需要自己探索，失败的可能性反而更大，但是这才是创新真正的含义，才是正确的路子”。

王小谟

谈 科学家精神

——对于科研中的挫折，只要你在原理上是对的，最后的结果也应该是正确的，不行的话肯定是你在什么环节上有问题。因此失败的时候不要太着急，只要你有信心，认为这个原理没有错，那么所有问题都可以找到。

——人的一生不可能是一帆风顺的，总是有起有伏，总要有高兴和不高兴的时候。科研同样如此，没有一次成功的事，所谓的一次成功就是大的方向没错。

——得意的时候不要忘乎所以，失意的时候也不要灰心。很多困难都是暂时的，越是低潮越不能闲着，要时刻保持韧性和弹性。

——要创新，首先你要相信自己不会比别人差，别人能想出来的东西你也一定能够想出来。同时，要创新还要多留心身边的事物，特别是对新东西要感兴趣，这样你做出的事情就不会跟不上潮流。

——很多人都只看到最后、集成方面的成果，但是深层次的、基础性的研究就比较难，也出不了名，人们往往不愿从事这方面的研究。这是我们亟待解决的问题。

——以前国家的科技基础薄弱，创新要从种麦子开始，而现在我们环境好了，就像有了现成的面粉，创新就是需要开动脑筋怎么做好吃的。

王泽山：中国『火炸药王』

王泽山，我国著名火炸药学家，发射装药理论体系的奠基人。1935 年 9 月出生于吉林省吉林市，1960 年毕业于中国人民解放军军事工程学院火炸药专业，一直从事火炸药研究。现为南京理工大学教授、博士生导师。

他是火炸药资源化治理军民融合道路的开拓者，系列原创性技术的发明人。作为我国火炸药领军人物，他规划并引领了火炸药学科发展，培养了大批高层次人才。主持我国火炸药领域的发展研究和系列教材、专著建设，引领了火炸药发展方向。先后培养了 100 余名博士研究生，多数在国防领域工作，成为火炸药学科、技术、生产等领域的领军人才、学术带头人。在全国各地建立了多个院士工作站及联合研究所，推动了火炸药行业领域的发展。

王泽山于 1993 年获得国家科学技术进步奖一等奖；1994 年获得光华科技基金奖特等奖；1996 年获得国家技术发明奖一等奖；1997 年获得何梁何利基金科学与技术进步奖；1999 年当选中国工程院院士；2016 年再次获得国家技术发明奖一等奖；2018 年 1 月获 2017 年度国家最高科学技术奖，同年获评“全国优秀科技工作者”。

王泽山院士

2018年1月8日，国家科学技术奖励大会在北京人民大会堂隆重举行。82岁的中国工程院院士，南京理工大学博士生导师、教授王泽山从习近平总书记手中接过大红色的国家最高科学技术奖证书，台下掌声雷动。

1年前的同一时间，同样是在北京人民大会堂，王泽山院士凭借着在火炸药领域的杰出贡献，荣获2016年度国家技术发明奖一等奖，成为摘得国家最高科技大奖桂冠的“三冠王”。此前，他曾于1993年获得国家科学技术进步奖一等奖，于1996年获得国家技术发明奖一等奖。

王泽山说，他是个一辈子只能做好一件事情的人。60多年来，这个从吉林走出来的火炸药专家一直专注于火炸药研究，在这个冷门领域创造了一个又一个热点，带领团队发展了火炸药的理论与技术，突破了多项世界性的瓶颈技术，一系列重大发明应用于武器装备和生产实践，为我国火炸药从跟踪仿制到进入创新发展作出了重要贡献，书写了我国火炸药实力进入世界前列的传奇。

再次站在国家领奖台上，王泽山依然平静而从容：“专业无所谓冷热，任何专业只要肯钻研都会大有作为的，国家的需要就是我研究的方向。”

连续3次问鼎国家级科学技术大奖

3次获得国家级科学技术大奖的一等奖，被称作科学界的“三冠王”，王泽山说他把工作定位于攻关火炸药，是国家的使命，是中国作为强国需要担当的责任。中国人民解放军原总装备部少将马殿荣评价说：“他将中国人发明的火药在文明的基础上，用现代技术将其效能、工艺推进了一大步。”

王泽山说："在科研上不要使巧劲，不要追求短、平、快的项目，科学要实在，不要浮夸。选定目标不要轻易放弃，遇到问题不轻易放弃。"

让王泽山连续3次问鼎国家级科学技术大奖，上演我国科学界"帽子戏法"的火炮装药技术，正是他历时多年再次攻克的世界军械领域的一项技术难题。

火炮被称为"战争之神"，在常规兵器中占有举足轻重的地位。即使在当今以远程作战和打击为主的现代战争中，火炮仍然扮演着重要的角色。为此，世界各大军事强国都争相投入巨额经费用于高性能火炮的研发。

然而决定火炮威力与射程的一项重要因素在于它使用的含能材料的性能，也就是常说的火炸药。长期以来，可广泛应用于大口径火炮发射的全等式模块装药技术困扰着世界军械领域。

为了满足火炮远近不同的射程要求，目前各国火炮使用的主要是两种单元模块组合的双模块装药。在发射前需要在不同的单元模块间进行更换，如此操作既烦琐又费时。能够使用同一种单元模块，通过模块数量的不同组合，来实现火炮对于远近不同目标的打击，一直是国际军械领域梦寐以求的技术。然而，要想研发出这种全等式模块装药技术绝非易事。美、英多国曾联合开展相关研究，历时多年，终因无法突破技术瓶颈，研究被迫中断。

令人自豪的是，这项难题被中国人攻克了。

1998年至今，王泽山另辟蹊径创立了装药新技术和相应的弹道理论，包括火炸药的能力积聚和定向释放规律，等模块装药，远程、低膛压发射装药等，研发出了具有普遍适用性的全等式模块装药技术。

这项技术在不改变火炮总体结构的基础上，在不增加膛压的前提下，通过有效提高火药能量的利用效率来提升火炮的射程。使炮口动能和射击参数全面超越当时世界上最先进的高膛压火炮，发射威力等同于型号更新一代的火炮威力水平，并且只需1种操作模块即可覆盖全射程，从而大幅度提升远程火力的打击能力。

我国火炮在采用这项技术后，射程提高20%以上，最大发射过载值可有效降低25%以上。此外，应用此项技术不仅使弹道性能全面超过其他国家的同类火炮，还降低了火炸药的火焰、烟以及毒气对操作员和环境造成的影响。

王泽山毕业于中国人民解放军军事工程学院，他清楚地记得一件事情，有一年，“两弹一星”元勋钱学森到中国人民解放军军事工程学院考察。当时陈赓大将任院长，在接待钱学森先生时，陈赓问：“你看我们中国人能不能搞导弹？”钱学森回答：“有什么不可能？外国人能造出来的，我们中国人同样能造出来。难道我们中国人比外国人矮了一截不成？”

“这句话，一直激励我去努力占据火炸药科学的制高点。”王泽山说。从20世纪80年代开始，王泽山和团队一起全身心投入到废弃火炸药的治理攻关上，其研发的项目在1993年获得国家科学技术进步奖一等奖。1996年，已经62岁的王泽山，再次凭借着低温感含能技术这一当时在国际上难以攻克的尖端技术，摘得了国家技术发明奖一等奖，在此之前这一奖项已空缺多年。

在退休后的20多年里，王泽山再次凭借他发明的等模块装药和远程、低膛压发射装药技术，解决了世界军械领域长期没有解决的难题，并再次斩获国家技术发明奖一等奖，被誉为科学界的“三冠王”。

“他将中国人发明的火药在文明的基础上，用现代技术将其效能、工艺推进了一大步。”中国人民解放军原总装备部少将马殿荣评价说。

“创新就是不去重复别人的老路”

王泽山在平时的科研过程中，时常坦言自己不喜欢走别人走过的老路，而是喜欢独辟蹊径，从一个全新的角度闯出一条前所未有的新路来。这种不走寻常路的创新精神帮助他在世界前沿的重大课题中不断突破。

“创新就是要做别人没解决的问题，模仿做得再好，也只能比别人做得稍微好一点。”王泽山时常告诫他的学生和团队成员，“不能一味地跟踪国外的研

王泽山在给学生授课

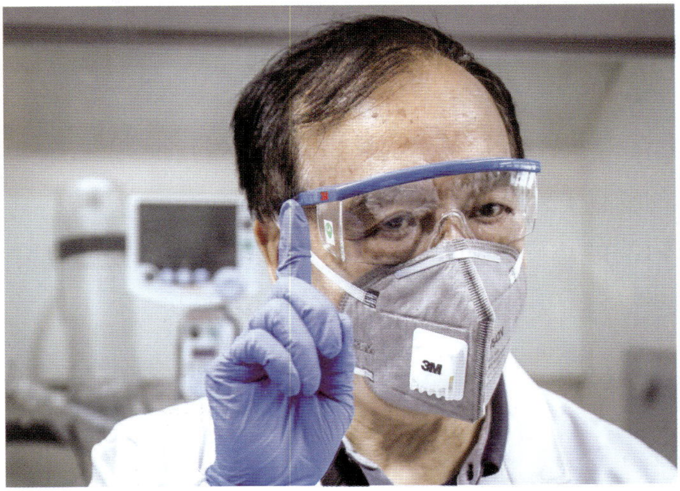

王泽山在实验室

究、简单地仿制研究，一定要有超越意识，要做出真正有水平的研究成果。”

这种不走寻常路的创新精神贯穿了他的一生。

1935 年，王泽山出生于吉林省吉林市，他的童年和少年时期是在充满混乱、大变动的年代度过的。“这些经历，让我明白‘没有国就没有家’，不当亡国奴就必须有强大的国防——要强军，要强国。从那时起，我心里就立志国防，要搞国防。这就是我立志国防的初心。”

1954 年,高中毕业的王泽山报考了中国人民解放军军事工程学院。当时，空军和海军都有很多热门专业，陆军也有像火箭、控制这样的好专业，火炸药是个冷门专业，没什么人报。多年后回忆，王泽山对选择这个冷门专业毫不后悔：“当时我想，这是国防、是国家需要的，我应该去做。在我看来，成功和选专业没有直接关系。难道说一个冷门领域就没有成功者吗？”

大学毕业后，王泽山留校任教。作为全校第一个使用计算机且最早用于解决工程实际问题的专家，他将当时国际先进的计算机技术、诺模图设计原理等引入我国火药教学和科研中，创新了火药及其装药解析设计、表解设计和诺模图设计的理论和设计方法。

20 世纪 70 年代中后期,他的学术著作《发射药的应用理论》问世,书中提出了一种新的装药技术和设计计算方法，使原本复杂的问题变得清晰而简单。

从 20 世纪 80 年代至今，王泽山在火炸药的研究上更是成果不断，取得了多项世界领先的重大创新成果。

1985—1990 年，王泽山率先攻克了废弃火炸药再利用的多项关键技术，为消除废弃含能材料公害提供了技术条件，这曾是困扰许多国家的难题；1990—1995 年，王泽山通过研究发射药燃烧的补偿理论，发现了低温感含能材料，并解决了长贮稳定性问题，明显提高了发射药的能量利用率，这同样是当时国际上难以攻克的尖端技术；1996—2000 年，他发明了含能材料的高能量密度装填方法，提高了发射装药的输出功率；2000 年到现在，他又再次发明了等模块装药和远程、低膛压发射装药，解决了国际军械领域长期悬而未决的难题，并建立和发展了相关理论体系。

除了这些重大技术发明外，王泽山的理论研究成果同样也是沉甸甸的。他撰写的十几部学术著作、百余篇研究论文，为我国发射装药学从相对单一的学科体系向火炮、弹丸、火药和弹道学等多学科交叉的发展奠定了坚实的学术基础。

“很长一段时间，现代火药的发展中心都在欧洲。这个背景下，王老师从来没有间断过基础原理和理论体系构建，到我研究火炸药时，读的第一本书就是王老师的著作，是我国自己独立原创的理论著作。”王泽山的首位博士生、南京理工大学教授萧忠良说。

为什么能取得这么多的创新成果？面对这样的疑问，王泽山给出的答案是：不断地思考。“我头脑闲不下来，”他说，“平时我话不太多，可是思想上在不断地思考，饭前、饭后、睡前、睡后，甚至一些会议上，我一直在思考问题，这种不间断的思考，给我带来了实践效果和实际效益，很多新概念，就在不断地思考当中形成。”

他认为，在科研的过程中，要多问“为什么”，往小尺度、深层次的方向发展。问过“为什么”之后，还要追问“还存在什么问题”“能不能更好”“怎样才能更好”，进而上升到“怎么做”。王泽山曾说：“我有很多发明，我的学生也有很多发明，多数是在这样的思考中形成的。”

因为脑子里总是在想问题，王泽山曾在生活中闹出不少笑话。回家进错楼；住宾馆走错房间；坐火车睡错铺；去北京某研究院，从南门进去后，原本是要去一家研究机构，因为思考入神，他径直穿过研究院，从北门走了出去。

夜深人静的时候，王泽山会静静地思考一个个和火炸药相关的问题。想到关键的时候，他会猛然起身，拿起纸和笔记录下来。他享受这样的时刻，他说，自己早已是个科研重度“成瘾者”，如果放下了科研，那无异于一种折磨。

耄耋之年仍活跃在科研一线

如今，已 80 多岁高龄的王泽山仍以过人精力忘我工作在火炸药研究第一线。如今，他和他的团队又瞄准了下一个目标，王泽山说："获得国家给予的种种荣誉后，我的精神比过去更富有，心胸更宽阔，感觉更幸福，接下来就是完善我的火炸药研究，取得新的突破。"

"从没感觉他已经 80 多岁了，王院士有一颗 60 岁的心脏。"南京理工大学党委副书记席占稳说。作为南京理工大学年纪最大的中国工程院院士，王泽山的心态很年轻。他 69 岁考驾照，自行开车前往工厂测试、试验；为了方便科研，他熟练掌握各种数码产品，能随手给年轻同事展示火炸药的设备图片。

"他好像永远不知疲惫。"这是所有和王泽山接触过的人对他最深的印象。这个已经年逾八旬的老人，每年仍然有一半时间坚守在条件艰苦的试验场，每天工作时间在 12 小时以上，足迹遍及全国兵工企事业单位和科研院所。他的同事们笑着调侃："王院士不是在办公室，就是在出差，而且一搞起科研永远不记得星期天。"

1999 年 11 月，64 岁的王泽山当选中国工程院院士，当时他已经获得 2 项国家级科学技术大奖，撰写著作 9 部，可谓功成名就。很多人都觉得他可以功成身退，颐养天年，但他又开始了自己的新研究，选择了一个更难的课题。

2019 年 10 月，刚刚在北京参加完中华人民共和国成立 70 周年的庆典，王泽山又争分夺秒地投入到火炸药相关试验中。新华社记者问他为什么不休息休息，他在电话那头回答："现在正是试验的关键期，一刻都不能耽误。"

由于火药的易燃、易爆性，很多试验尤其是弹药性能的验证过程都必须在人烟稀少、条件艰苦的野外进行。虽然年事已高，但王泽山从来不待在办公室内坐等试验数据和结果出炉，无论严寒酷暑，他都坚持深入一线亲自参加试验。

王泽山说，火炸药性能参数的验证中有很多不确定因素，试验过程也颇具危险性。因此，为了能准确收集到一手数据，同时也为了确保整个试验过程的安全有效，“只有亲临现场指导试验，我才能够放心”。

南京理工大学化工学院教师堵平回忆，有一次团队去内蒙古靶场做试验，室外温度已经降到 -27℃，就连做试验用的高速摄像机都因环境条件太恶劣而“罢工”了，可 80 多岁的王泽山却和大家一样，在外面待了一整天。到了晚上，他还要核对各类试验数据，反复查找试验过程有无疏漏之处，第二天，又精神抖擞地出现在试验现场。

王泽山的敬业精神令堵平印象深刻：“这样一次很多人和单位参与的大型试验，王老师要考虑得非常细。他觉得国家给我们经费不容易，时间、场地的安排上要尽可能让一次试验多测几个项目，充分利用每一次试验把数据测全，效率提高。”

堵平说，王泽山本身就是一部教科书，“既然选择了，就要全身心投入去将它做好，要去做别人没做到的，做国家需要我们做的事”。

近年来，瞄准不用溶剂制出无烟火药这一目标，王泽山带领团队再次向着这个火炸药领域又一项重大难题发起了冲击，“趁着现在精力还算充沛，多为国家的火炸药研究，做点力所能及的事情”。

与火炸药相伴已过一个“甲子”，王泽山觉得自己很幸福。他说：“自己这一辈子，除了还能做火炸药研究这一件事，别的都不擅长。我的生活已经跟科研分不开了。一旦离开，就会感觉自己好像失去了生活的重心。”

“我愿做那执灯的人”

尽管已成科学巨擘，但王泽山始终强调自己是一名教育科研工作者，将教育摆在第一位。他常说：“只要能给别人光明，我愿做那执灯的人。”

2021 年 12 月，南京理工大学在其官方微博上发布了一则消息：“侠之大者，为国为民。一代代南理工人定以王泽山院士为榜样接续奋斗，不负嘱托，不辱使命！”

当天，通过一个朴素的捐款仪式，王泽山将他所获得的国家最高科学技术奖等奖项的奖金共计 1050 万元一次性捐赠给南京理工大学。他希望这笔钱能“长期稳定地支持在科学研究领域取得突出成绩且具有明显创新潜力的青年人才”，除此之外便没有了更多的表述。

“只要能给别人光明，我愿做那执灯的人。”王泽山始终强调自己是一名教育科研工作者，将培育人才摆在第一位。

听过王泽山讲课的人都会有这样一种感受：他上课从来不会简单地重复那些已经成熟和定型的知识，而是第一时间将国际上的前沿技术和研究成果引入课堂，培养学生的国际化视野。课后，他经常在教室停留很久，对学生提出的疑惑和问题，一遍又一遍解答，直到学生听懂为止。他也是国内较早实践与国外大学联合培养博士研究生的教授之一。早在 20 世纪 80 年代后期，他作为南京理工大学化工系的主任，就与瑞典隆德大学化工系签订了合作培养博士研究生的协议。

在 60 多年的教学和科研生涯中，王泽山共培养了 100 多名博士。他们中的很多人都扎根于院校、企业和研究院所的武器装备研制一线，成长为中国国防事业的中坚力量。而王泽山的科研精神也深深影响到他的每位学生。

南京理工大学原校长徐复铭曾是王泽山团队成员，他在回忆师从王泽山的经历时说：“王老师在研究试验中处处言传身教，使我不仅较快地学到了所从事专业领域科学试验的一些基本方法，更重要的是让我养成了正确的科研态度和习惯，学会了对试验现象的科学分析和推理判断。”

中国科学技术大学教授、火灾科学国家重点实验室副主任孙金华还清楚地记得第一天见王泽山时的情景：“20 世纪 80 年代，我师从王泽山老师，我还记得当时上午来学校报到，下午到办公室见导师，他戴的眼镜框都是塑料做的，衣着也很简朴，当时就觉得是个很朴实的老师。”

正是这位看上去非常朴素的老师，影响了他未来数十年的漫漫科研路。他回忆，在王泽山指导下开展第一个科研项目“废弃火炸药再利用关键技术”研究时，王泽山用简明的语言给他交代了项目的历史背景、重大意义、肩负的责任以及目标和任务，同时一对一地给他上了一堂关于科研方法论的课程，反复叮嘱他做科研一定要透过“现象”追求“本质”，遇到问题要多问几个“为什么”，思考并解决了问题之后，还要追问：“还存在什么问题？”“能否做得更好？”“怎样才能做得更好？”

“你做得好，我就要做得比你更好，要勇于超越，追求完美。创新是技术研究的灵魂，要敢于担当。”对于学生和团队，王泽山一再强调创新的意义。萧忠良回忆，在他做选题的过程中，王泽山会追问：“你究竟发现了什么新问题？”在王泽山看来，重复别人做的事情，做得再好都是徒劳，要针对别人没有解决的问题提出自己的技术结构、组分配方。

“王老师重视技术发明的原创性，他的诸多发明也是针对别人没有提过的问题走我们自己的技术路线。这些要求对我一辈子研究的思路风格都有重要的影响。”受到王泽山学术思想和人格魅力的感召，萧忠良在毕业多年后又选择回到南京理工大学与老师一起工作。

在提携年轻人上，王泽山同样不遗余力。王泽山的 90 级硕士研究生、93 级博士研究生刘玉海回忆，在一次研究所的会议上，王泽山说，这些年来，大家都习惯性地认为他牵头的项目成果都是他的，但事实不是这样：“‘药筒斜肩部装药方法和装置’的发明，不是我的，这个虽然是我提出的问题，但是是刘玉海最终解答的，所以不是我的，是刘玉海的。”后来，在专利完成人名字上，第一完成人写的是刘玉海。

2020 年 9 月，江苏省研究生“开学第一课”活动在南京举行，江苏全省 23 万名在学研究生线上、线下共同聆听了王泽山的授课。在课堂上，王泽山回想 19 岁时的自己，他当时报考中国人民解放军军事工程学院，却选择一个不被看好的冷门专业——火炸药专业，而这个专业他研究了一辈子，“一辈子只想做好一件事”。

王泽山告诉年轻学子要掌握正确的思维方法，掌握分析问题和解决问题的能力，要有科学的态度、科学的方法、科学的精神，“更重要的是，做人做事都要有自己的道德底线，爱党、爱国、爱人民”。

“作为从事科学工作的人，我更加明白科学技术的力量，也深深懂得重要科技领域的优势是维护国家安全的重要筹码。”王泽山强调说，“中华民族的伟大复兴是每个中国人渴求的，也是人人有责的。正是它始终在支撑着我。”

王泽山

谈

科学家
精　神

——创新就是要做别人没解决的问题，模仿做得再好，也只能比别人做得稍微好一点。

——科学态度就是科研上不要使巧劲，不要追求短平快的项目。还要能坚持，为了实现目标，遇到困难绝不动摇。

——一定要有超越意识，不能一味地跟踪国外的研究，简单地仿制研究，要做出真正有水平的研究成果。

——作为科研人员要通过好的科学方法、思维，让我们获得更好的结果，不妨试一试能给自己储备创新能力的这种模式。

——只要深入钻研，孜孜以求，艰苦拼搏，找准了方向，你就是成功者。

——发挥群体的作用，多学科交叉融合，是一个研究者，必须要掌握好、处理好的问题。我就是普通一员，包括工人、司机都是一样的，我们也要学会倾听，尊重他人。

刘永坦：『火眼金睛』为祖国筑牢『海防长城』

刘永坦，我国著名雷达与信号处理技术专家，我国对海探测新体制雷达理论奠基人，对海远程探测技术跨越发展的引领者。1936 年 12 月出生于江苏省南京市；1953 年 9 月至 1960 年 3 月，先后就读于哈尔滨工业大学（以下简称哈工大）电机系、清华大学无线电系、成都电讯工程学院二系。1979—1981 年，他作为中国改革开放后第一批出国访问的学者之一到英国埃塞克斯大学和伯明翰大学进修和工作，并被聘为名誉研究员。1981 年 10 月，怀揣拳拳报国之心，刘永坦走上了中国新体制雷达的探索之路。

20 世纪 80 年代初，他面向国家海防战略重大需求，开创了我国对海新体制探测技术研究领域。40 多年来，他始终致力于我国对海远程预警技术研究和装备发展，为祖国筑牢“海防长城”；他率先在国内开展新体制雷达研究，带领团队成功建成了我国首部具有全天时、全天候、远距离探测功能的对海新体制雷达。

1991 年，刘永坦荣获国家科学技术进步奖一等奖，同年当选为中国科学院学部委员（院士）；1994 年当选为中国工程院院士；2015 年再次获得国家科学技术进步奖一等奖；2019 年 1 月获 2018 年度国家最高科学技术奖，同年被评为“最美奋斗者”；2021 年被授予“全国优秀共产党员”，入选“三个一百杰出人物”。

刘永坦院士

2019年1月8日，2018年度国家科学技术奖励大会的现场，掌声雷动。在闪光灯下，以及无数人的注目下，当这位老人登台领受2018年度国家最高科学技术奖时，刘永坦和团队的事迹才被更多中国人所熟知。

“我只是一名普通的教师和科技工作者，在党和国家的支持下，做成了点事。这事离开团队的力量是绝对无法做到的。荣获国家最高科学技术奖是一种无上的光荣，这份殊荣不仅属于我个人，更属于我们团队，属于这个伟大时代所有爱国奉献的知识分子。”朴实谦虚的话语背后，却是一段波澜壮阔的新体制雷达发展史。

40多年来，刘永坦心无旁骛，一直致力于新体制雷达事业的发展，为国家筑起“海防长城”作出了卓越贡献。

从20世纪80年代起，刘永坦坚持自主研发新体制雷达，带领团队打破国外技术垄断，为祖国海疆雷达打造“火眼金睛”，让我国海域监控面积从不足20%到100%全覆盖。

1991年和2015年两获国家科学技术进步奖一等奖后，他依然低调地奋斗在一线。“只要国家有需求，我的前行就没有终点。”86岁的刘永坦说，这一生，他只专注于一种国之重器——新体制雷达的研究。

这就是刘永坦，信念里藏着科学与家国，藏着理想与情怀，跟一切困难没完。

父亲一句话影响了他一生

“我这一辈子，就做一件事。能把童年时期的梦想付诸现实，是很幸福的。”1936年出生的刘永坦，比世界第一台实用雷达晚“出生”一年，他却用一生追赶乃至领跑世界雷达技术的发展。

1936 年，刘永坦出生在江苏省南京市一个知识分子家庭，父亲是工程师，母亲是教师。父亲给他取名“永坦”，不仅是家人对他人生平安顺遂最好的祝愿，也是对国家命运最深的企盼。

他出生后的第二年，发生了惨绝人寰的南京大屠杀。不到 1 岁，刘永坦就随家人开始了颠沛流离的生活。从南京到武汉，从宜昌到重庆，他幼年的记忆里充满了飞机扔下的炸弹、被血染红的江水、颠沛流离的逃难……

接受《光明日报》记者采访时，刘永坦曾现场朗诵起古诗词：“王师北定中原日，家祭无忘告乃翁。”“三十功名尘与土，八千里路云和月。”……这些诗句以及儿时颠沛流离的遭遇，构成了他对祖国的最初认识。

到了十一二岁，时局渐稳，他终于有了张安稳的课桌，开始如饥似渴地学习知识。偶然的机会，刘永坦读到几本关于爱迪生、牛顿等科学家的少年读本，他边看边想：“为什么爱迪生能发明电灯，牛顿看到苹果掉落能发现万有引力，可我却什么都没发现？”科学家的故事仿佛打开了一扇窗，让他看到了一个充满神秘的未知世界。

昏暗的菜油灯下，母亲常常教他诵读古诗词，陆游的《示儿》、岳飞的《满江红》，刘永坦跟着母亲一字一句、抑扬顿挫地读：“莫等闲，白了少年头，空悲切！……”在他胸中激起一股热浪，“从小对国家兴亡感受深刻”的他至今记得，母亲每每读到这句词时那激动的神情和略带颤抖的语音。

父亲从不干涉他的志向，只一句话：“我不管你将来学什么专业，最好是学数理化，只希望你能为这个多灾多难的国家做点事，科学可以救国！”

对国家山河破碎的记忆，让少年刘永坦立下科学报国之志。他坚信，科技可以兴国，并立志一定要实现这个最朴素的愿望。

1953 年，刘永坦以优异成绩考入哈工大，后作为预备师资被派往清华大学进修两年。1958 年，刘永坦回到哈工大参与组建无线电工程系，挑起了教学、科研两摊任务。

1965 年，刘永坦主持并提出了国家单脉冲延迟接收机研制的总体设计方案，只可惜，这项科研任务还没完成，他就被安排到黑龙江省五常县的农村负责种大米。命运给了他考验，他却没有消沉，反倒沉下心来当农民、种大米，还因此落下了终身的腰病。而这段经历也锻造了他坚韧的品格，此后无论顺境、逆境，还是时代变迁，他对科学的求索不变，以科研报国之志不改。

直到 1973 年，刘永坦才重回哈工大。5 年后，他被破格晋升为无线电系副教授，并成为改革开放后第一批迈出国门的学者之一，奔赴英国埃塞克斯大学和伯明翰大学进修和工作。

那时，在这两所英国大学的雷达技术实验室，中国学生大多做的是科研辅助工作。

刘永坦心里不服，他铆足了劲，在实验室里度过了无数个不眠夜。“我是一名中国人，我的成功与否代表着中国新一代知识分子的形象。”功夫不负有心人，刘永坦在英国进修期间独自完成了具有国际先进水平的信号处理机研制工作。

他的导师、英国知名雷达技术专家希尔曼教授评价：“刘永坦独自完成的工程系统，是一个很有实用价值、工程上很完善的设备。其科研成果无论在理论上还是实践上都很出色。他的贡献是具有独创性的。”

希尔曼教授一连 3 次挽留他留在英国，均被他谢绝。多年后，刘永坦说：“我学有所成，当然要回国。在英国，无论我工作多么努力，取得了多大的成绩，终归是在给别人干活。即使我发表一篇论文，也还得冠以‘英国’的字样。回到自己的祖国，我可以堂堂正正地署上‘中华人民共和国’，这种心情是何等舒畅啊！”

在英国的科研经历，让刘永坦与雷达结缘：“雷达看多远，国防安全就能保多远。这样的雷达，别的国家已经在研制，中国决不能落下，这就是我要做的事。”1981 年秋天，刘永坦毅然回国。

从踏上祖国土地的那一刻起，他在心里就立下宏愿：一定要创建中国自己的新体制雷达！

刘永坦（前排右一）在实验室指导科研

刘永坦接受采访

45 岁从零开始，进军科研“无人区”

对于看起来“希望渺茫”的新体制雷达，哈工大的不少同事起初并不理解：“有很多事可以做，为什么一定要做这个？”同样的话刘永坦也问过自己，他的答案是因为信念和对科学的坚守：“如果别人做出来了，我们再跟着做，国防安全会受到影响。”他坚守的信念里，不仅有科学，还有“家国”二字。

俗称“千里眼”的雷达，对航天、航海、渔业、沿海石油开发、海洋气候预报、海岸经济区发展等领域都有着重要作用。

1990 年 4 月 3 日，某地雷达实验站，一个红色圆点出现在一台设备的显示屏上。时间仿佛在此刻静止。

这个“红色圆点”代表着雷达监测条件下的目标。实验室里一群人开始忙碌起来，记录数据、核对信息、小声交谈，随后大声惊呼：“目标确认！”

人群中央，一个戴着眼镜、脸晒得黝黑的人，热泪纵横。他身后，雷达天线阵迎风矗立。

他，就是主持这项科研工作的刘永坦。在这片满目荒芜的海岸线上，他带领团队奋战多年，从立项到成功，经历了 8 年的艰辛奋斗，终于使我国新体制雷达实验系统首次实现目标探测。

时间重回 1981 年，当时，国内对雷达的认识大多停留在微波雷达的阶段。微波是直线传播，所以微波雷达“站得高才能看得远”。但在对海探测上，微波雷达却有些无能为力，许多东西“看”不到。

是否可以避开微波，通过另外一种波，不用站得高，也能看得远？刘永坦决定抛开微波雷达，抛开以往的研究，研制一种新体制的对海探测雷达，使“千里眼”练就“火眼金睛”的本领。

“真正的核心技术任何国家都不会拱手相让。”1981 年，45 岁的刘永坦决定从零起步，重新出发。

他发动身边的人与他一起干，很多人心里没底，只有刘永坦信心十足：“根据现在计算机发展的趋势和我们掌握的技术，只要努力，我认为完全能实现。”紧接着的一句话就不那么鼓舞人心了，“但肯定也很艰苦，因为前人没做过。”

的确，这在当时的国内不仅是一片空白，而且在国外都没人做到过。一切为零，更没有先例可循。这意味着，这个研究风险很大，可能要干很长一段时间，甚至是一辈子，而且还不一定能干得成。

我国有近470多万平方千米的海域面积，但当时能有效监测的不到20%。“大部分看不到、管辖不到，别人进入我们的海域，比如到岛礁捕鱼、勘探石油、建立钻井平台等，或者敌方目标进来，我们都不知道。”刘永坦说，“看”得远，从而把我们的海域全都保护起来，这是国家的需求，所以一定要做出这个新体制雷达。他一个个地找人谈，最终组建了6个人的攻关团队，但这并未打消别人的质疑：“这个雷达能行吗？能解决别的雷达解决不了的问题吗？”申请课题的时候，有人问他们：“这个美国有没有做过？英国有没有做过？”一些专家友好地提醒刘永坦：“外国都没有人做过，你凭自己的理论认为就可以？”甚至有人劝他放弃。

这种艰难困阻在刘永坦的意料之中，但他相信科学，相信自己的判断，相信计算机技术的发展及其对信号处理技术的推动能带来雷达技术的进步。他相信这件事一定能干成！“如果理论上可行，我就一定要往前拱，如果理论上不行，往前拱也没用啊。”刘永坦说，这是他的“信念”，一种对科学的坚守。

1983年，经过10个月连续奋战，刘永坦完成了一份20多万字的《新体制雷达的总体方案论证报告》，在理论上充分论证了新体制雷达的可行性。为了争取国家支持，刘永坦团队1年里有200多天都在往北京跑，向相关部门“宣讲”新体制雷达的作用以及可行性。他们的坚持得到了回馈，新体制雷达的研制最终获得了原航天工业部等部门的支持。

“没有电脑，一页稿纸300字，报告手写了700多页，写废的纸摞一起就有半米高。”团队首批骨干成员之一、哈工大教授张宁回忆说，刘永坦带着他们没日没夜地写了几个月，一直写到手指发麻、手腕酸痛，连鸡蛋都握不住。

一场填补国内空白的开拓性攻坚战正式拉开帷幕……

当时，雷达实验站的选址位于一片荒芜地带，批复的经费不足，发射机、接收机等模拟系统和操作系统也十分落后。团队里有人打了蔫儿，刘永坦话语铿锵："如果没有难点，还叫什么科研！"

选址地远离人烟，科研人员住在四面漏风的简易房子里，一天工作十几小时，一干就是几个月。生活不便，他们经常用冷面包充饥；交通不便，他们顶风冒雨，单程徒步 3 千米，往返于驻地和雷达站；每到天黑路过一片坟地，就用手电的光柱给自己壮胆。

刘永坦说，相对于一些短平快的科研项目，新体制雷达是十足的"冷板凳"。他们首先要摒弃直线传播的微波，选择一种可以绕着走、可以拐弯的表面波，这种波沿着海平面传播，但带来一个新问题——杂波干扰太厉害。这些来自海浪、无线电、电离层的干扰，其信号强度比要探测的目标信号强 100 万倍以上。

怎么去除这些干扰信号，从中找出目标物反射回来的信号，这是一件很难的事情。"这要求我们发射出去的信号必须非常单纯，还要有很好的信号处理技术，能把微弱的反射信号从杂波中提取出来，形成我们需要的参数，比如速度、距离等。"刘永坦说。

这项充满未知的研究，不仅前途未知，而且工作本身也不可为人知。经过 800 多个日夜、数千次试验，以及数万个测试数据的获取，他们系统地突破了海杂波背景目标检测、远距离探测信号及系统模型设计等基础理论，创建了完备的新体制理论体系。

1989 年，他们建成了中国第一个新体制雷达站，成功研制出我国第一部对海新体制实验雷达。中国人用 8 年时间，赶完了西方国家二三十年的路。

雷达调试初期，系统死机频频出现。几十万行的大型控制程序，再加上用于信号发射、接收、处理、显示等的诸多设备，任何一个微小的故障都可能导致整个系统无法运行。

“不能给科研留死角！”刘永坦率领团队每天工作十几小时，从系统的每个程序开始检查，发现一个问题就解决一个问题。

1990 年 4 月 3 日，刘永坦团队首次完成了我国对海面舰船目标的远距离探测试验，标志着新体制雷达技术实现了我国对海探测技术的重大突破。此时，刘永坦团队从当初的 6 人攻关课题组发展成了几十人的研究所。

保家卫国绝不能“纸上谈兵”

在科学报国的漫漫征程上，刘永坦没有片刻停歇。他深知，国防科研成果只有变成保家卫国的利剑才有意义。“这个事情没完，还得往前走！”刘永坦很坚决——要为国家研制出一套能真正部署在国防海防线上的装备工程。

1990 年 10 月，国家多个部门联合举行的鉴定会宣布：“新体制雷达研究成果居国际领先水平。”1991 年，该项目荣获国家科学技术进步奖一等奖，刘永坦当选中国科学院学部委员（院士）。1994 年，他又当选中国工程院首届院士之一。

随后，刘永坦带领团队从试验场转战到应用场，着力解决新体制雷达实验系统的实际应用转化。

曾采访过刘永坦院士的中国卫星发射测控系统部航天系统工程高级工程师王建蒙问他：“面对这些枯燥的数据、繁多的公式、无穷无尽的假设、没有解的问题，四十年如一日的寂寞，您是怎么熬过来的？”刘永坦回答：“做这项研究已经超过 40 年了。要说寂寞，好像还没有，要说兴趣，倒是与日俱增。”

刘永坦回忆，当时很多人劝他“歇歇吧”“别砸了自己的牌子”。“科研成果如不能转化为实际应用，就如同一把没有开刃的宝剑，中看不中用，这对国家来说是一种巨大的浪费和损失。必须做到让新体制雷达走出实验室，走向海洋。”刘永坦每一个字都掷地有声。

习近平总书记指出：“重大科技创新成果是国之重器、国之利器，必须牢牢掌握在自己手上，必须依靠自力更生、自主创新。”

40 多年来，刘永坦正是这样围绕一个方向，聚焦一个领域，一辈子坚守初心，将这一关系国家全局和长远的重大原始创新，牢牢掌握在中国人自己的手上。

一切为了国家的需要，面对人生的又一次重要抉择，他又一次作出了继续勇往直前的决定。一生不悔，他为祖国“永坦”永不停歇。

科研活动不可能靠几个人去单打独斗，要联合国内优势科研力量组建一个更大的团队，走产、学、研结合之路。这一点，刘永坦深以为然。

1997 年，新体制雷达被批准正式立项，哈工大作为总体单位承担研制工作，这在国内高校中尚属首次。“能为国家的强大作贡献是我们最大的动力和使命。国家把这么重要的项目交给我们做，这是我们最大的荣耀。”刘永坦说，“情怀和理想对一个知识分子来说才是最重要的，所以我们团队成员尽管清贫，尽管每次去外场常常要干两三个月后才能回来休整几天，却依然干得有劲，觉得光荣。”

随后的 10 余年里，从实验场转战到实际应用场，他带领团队进行了更为艰辛的磨炼。由于国际上没有完备的理论，很多技术难点亟待填补，再加上各个场域环境差异巨大，新体制雷达的科研成果“走出实验室之路”格外艰难。

“解决不了抗干扰问题，雷达就没有生命。”刘永坦说，各种各样的广播电台、短波电台、渔船发出强大的电磁干扰是最大的难题。设计，试验，失败，总结，再试验……他带领团队进行了上千次调整，终于找到了解决方案，在 21 世纪初形成了一整套创新技术和方法，攻克了制约新体制雷达性能发挥的系列国际性难题。

按照国家有关部门提出的继续提高雷达性能的要求，又是 10 余年的刻苦攻关，刘永坦和他的团队在 2011 年成功研制出我国具有全天时、全天候远距离探测能力的新体制雷达——与国际最先进的同类雷达相比，系统规模更小、作用距离更远、精度更高、造价更低，总体性能达到国际先进水平，核心技术处于国际领先地位，标志着我国对海远距离探测技术的一项重大突破。

这项完全自主创新的研究成果于2015年获得国家科学技术进步奖一等奖。它不仅破解了长期以来困扰雷达发展的诸多瓶颈难题，更让我国成为世界上少数几个拥有该技术的国家。

“依靠传统雷达，我国海域可监控、可预警范围不足20%，有了新体制雷达，则实现了全覆盖。”刘永坦说，给祖国的万里海疆安上“千里眼”，国防才能更安全。

“坦院士”为母校锻造“雷达铁军”

“无论获得什么荣誉和头衔，我最看重的，还是‘教师’这个身份。”刘永坦说，学生们更喜欢叫他刘老师或者坦先生，这也是他最喜欢的称呼。

一切向前走，都不能忘记走过的路；走得再远、走到再光辉的未来，也不能忘记走过的过去，不能忘记为什么出发。这是中国共产党的坚守，更是这位老共产党员的初心。“在党的领导下,为我们的事业奋斗终身！”1983年的入党申请书上，刘永坦这样写道。30多年来，他也是这样做的。刘永坦从没有“因为走得太远而忘记为什么出发”。

静谧的海岸线上，新体制雷达天线阵像一个个“士兵”列队肃立，静静地守护着祖国边防。这些雷达的背后，是一支掌握海防科技主动权的战略创新力量，被称为初心不改、使命必达的“雷达铁军”。

从最初的6人到如今的30多人，四十年磨一剑，刘永坦带领着这支由老、中、青三代人组成的“梦之队”，长期致力于对海远程探测技术的研究。“我们团队的特点就是不服输，绝不向外面的封锁低头，不怕别人卡我们脖子，往前走，自主创新。”谈起“雷达铁军”，刘永坦无比自豪。

耄耋之年，他仍奔波在教学、科研一线。2021 年 9 月，以刘永坦名字命名的哈工大“永坦班”迎来第一批 27 名“00 后”本科新生。

这个全新的特色班面向未来新体制雷达探测技术与智能感知等领域，将为国家着力培养和输送电子信息领域的领军人才。刘永坦亲自担任班主任，感召和激励青年学子投身雷达科研事业，为祖国国防贡献力量。

对于他来说，无论获得何等荣誉和头衔，最看重的始终是“教师”这个身份：“未来还得靠年轻人！学生读我的研究生，是对我的最大信任，要是教不好，岂不是误人子弟？”

刘永坦的学生们都说，做“坦先生”的学生，功底不扎实是不行的。故弄玄虚、华而不实的东西绝对逃不过“坦先生”的“火眼金睛”：“只要‘坦先生’和你讨论一会，你有没有仔细查阅文献资料、做足功课，立刻就会原形毕露。”

2020 年 8 月 3 日，刘永坦将国家最高科学技术奖的 800 万元奖金全部捐给哈工大，设立永瑞基金。“这份殊荣不单属于我个人，更属于我们团队，属于这个伟大时代所有爱国奉献的知识分子。”刘永坦说，设立这个基金就是要助力学校培养更多的杰出人才，打造更多的“国之重器”。

迄今，刘永坦已培养研究生 80 多名，其中 40 多人获博士学位，将军、院士、大学校长、国防院所总师、高科技技术公司创始人……他的学生中，正涌现出一批批国之栋梁。

“围绕一个方向，聚焦一个领域，一干就是 40 年！不以困难为断点，不以成就为终点，这种科研精神对后辈来说是激励，更是向导！”哈工大副校长、中国科学院院士韩杰才说，“一辈子一件事，刘院士始终燃着一把火。”

以梦为马、不负韶华。如今，耄耋之年的刘永坦依然没有停下脚步。“一项任务完成了，就要开始下一项，只有研制出性能更好的产品，才能给国家交上满意的答卷。”刘永坦正继续带领团队向技术造价更低、功能性能更优的小型化雷达进军。

刘永坦

谈 科学家精神

——我们这代知识分子都是这样，只想为国家做点事，国家的需要就是我们的需要，国家的需要就是我们个人的追求。

——没有谁会告诉你关键技术，只有咬牙向前走，不能向外面的封锁低头。

——我亲身经历了国家从站起来、富起来到强起来的伟大历史进程。我们始终坚信，国家需要是最强大的动力。我们科技工作者一定不忘初心、牢记使命，攻坚克难、追求卓越，在加快建设创新型国家和世界科技强国的时代浪潮中，创造出更多让人民激扬振奋、让世界刮目相看的奇迹。

——从我们党的整个革命经历看，我们这不是什么困难。在党组织的领导下把整个项目往前推进，是我们奋斗的动力，现在，就是对人的磨炼、对人性的磨炼，考验你能不能按初心搞到底。

——钱对一个知识分子来说有什么意义？情怀和理想才是最重要的！

——如果在科研项目上，没有难点，没有风险，也无须攻关，那还叫什么科研？还需要我们这些教授、博导、院士干什么？要知道，每一次失败，不仅是对我们知识储备的考验，也是对我们毅力的考验。

钱七虎：『为国铸盾』是我毕生追求

钱七虎，少将军衔，我国著名防护工程和岩石动力学专家，我国国防防护工程的奠基人。1937 年 10 月生于江苏省昆山市，1960 年毕业于中国人民解放军军事工程学院，1961 年赴苏联莫斯科古比雪夫军事工程学院研究生部学习，获科学技术副博士学位。1965 年 7 月回国，在西安的工程兵工程学院从事军事工程教学和科研工作。

奋斗一甲子，报国六十年。他建立了我国现代防护工程理论体系，解决了核武器空中、触地、钻地爆炸以及新型钻地弹侵彻爆炸等若干工程防护的关键技术难题，为我国防护工程各个时期的建设发展作出了突出贡献，开创了我国防护工程和国家人防建设领域的软科学研究，完成了中国防护工程领域的时代跨越。

钱七虎曾获国家科学技术进步奖一、二、三等奖各 1 项，中国人民解放军科学技术进步奖一等奖 2 项，以及中国人民解放军专业技术重大贡献奖、何梁何利基金科学与技术进步奖等。1994 年，当选中国工程院院士。2013 年，钱七虎被中央军委记一等功；2019 年 1 月获 2018 年度国家最高科学技术奖，同年获第七届全国道德模范“全国敬业奉献模范”荣誉称号；2022 年获颁“八一勋章”。

钱七虎院士

在中国人民解放军陆军工程大学的一间办公室里，钱七虎办公桌背后的墙上挂着一张冲洗放大的照片，定格了2018年度国家科技奖励大会上，习近平总书记为他颁奖的瞬间。

提到那一刻，钱七虎记忆犹新："总书记握着我的手说，'感谢你为国家作出了贡献'，同时他还要我保重身体。"

2019年1月8日，北京人民大会堂内，一身戎装、满头银发的防护工程专家、中国工程院院士钱七虎从习近平总书记手中接过了2018年度国家最高科学技术奖的荣誉证书。"作为一名军队的科学家，科技强军、为国铸盾，是我毕生追求，也是我的事业所在、幸福所在。"钱七虎始终用实际行动践行着爱党爱国的初心。

60多年间，他不仅带领团队开创了我国防护工程这一崭新学科，还为其奠定了理论基础，将中国的防护工程研究推向国际先进水平，实现了从跟跑、并跑，再到有所领跑的跨越式发展。

"一个人活着是为了什么？"这个问题，钱七虎用超过一甲子的岁月来思考和实践，交出了自己的人生答卷："为祖国铸就坚不可摧的'地下钢铁长城'，是我的毕生追求，也是我的事业所在、幸福所在。"

矢志报党、报国的种子早早萌芽

"一个人活着是为了什么？"这是60多年前钱七虎在中国人民解放军军事工程学院就读时，接受的第一堂革命人生观教育课。他至今记得教员给出的答案："为了保护人民的生命财产安全，为了保家卫国、建设钢铁长城。"

"希望我们广大青年朋友，在和平时期要提高我们的国防意识，要提高我们的风险意识，因为我知道，我们新的生活来之不易！”2019年3月，钱七虎登上中央电视台《开讲啦》节目的讲台，谈起自己的成长历程，他无限感慨，“年轻人一定要将个人命运与祖国、人民的命运结合起来，树立远大理想。”

1937年8月13日，淞沪会战爆发，日本侵略者占领上海。血腥的战争逼近江苏省昆山市，人民流离失所。钱七虎是在母亲逃难途中的渔船上出生的，因在家中排行老七，取名“七虎”。

7岁那年，父亲离世，全靠母亲摆小摊维持生计。“要是没有1949年江苏的解放，我就会和兄姐一样失学、失业，是人民政府的助学金支持我念完了中学，让我迈入哈尔滨军事工程学院（中国人民解放军军事工程学院）的大门，又是因组织的选拔，我得以到苏联莫斯科古比雪夫军事工程学院留学，成为一名科学技术副博士。”钱七虎动情地说。

他曾看到过抗日游击队员被日军打死，尸体就放在学校的操场上。“我经常想，为什么会这样呢？还不是因为我们的国家不强，我们的军队不强，所以受到了侵略。”钱七虎很早就明白“落后就要挨打”的道理，没有国家在国防力量上的强大，就没有人民的自由和安宁。

父亲弥留之际，特意将钱七虎叫到跟前，叮嘱他要“成就一番事业”。这也让他在心中深深埋下了家国情怀的种子，并痛下决心：努力学习，矢志报国。

钱七虎的一生经历过多次转折，面临人生的分岔路口，他都毫不犹豫地选择服务于祖国和人民的需要，“爱党、信党、跟党走，是我一生中最正确、最坚定的选择”。

第一次人生转折是在1954年中学毕业时。在上海中学读书期间，正值中国实施第一个“五年计划”，钱七虎梦想着成为一名工程师。有了人生目标，他学习起来倍加努力，6门课有4门拿了100分。当年上海代表团去朝鲜慰问志愿军，钱七虎的成绩单是其中一件慰问品，让奋战在一线的战士看到了祖国未来的希望。

毕业时，一些优秀的学生可以直接被选送到苏联留学，品学兼优的钱七虎自然也在其中。

这时传来消息：我国急需军事人才，新成立不久的中国人民解放军军事工程学院要在中学招收优秀毕业生。学校领导找到钱七虎，想要保送他到那里去读书，放弃到苏联深造。“当时虽然觉得有一点遗憾，但是没有二话，我选择了哈军工（中国人民解放军军事工程学院），这是国家培养军事工程师的最高学府，是我的光荣。”钱七虎从此踏进了中国人民解放军军事工程学院的大门。

“民族存亡、国家利益，是我一生做任何决定时必须最先想到的！”钱七虎回忆道，他明白，那一刻正是报效祖国的机会。

“当时防护工程专业没人选，因为要跟黄土、铁铲打交道，但我始终服从组织分配，让我学什么就学什么。”钱七虎认为专业无所谓冷热，任何专业只要肯钻研都会大有作为。

天才的 1% 是灵感，其余都是汗水。钱七虎坚信，天才出自勤奋和努力。在哈尔滨求学的 6 年间，他只回过 1 次家，每个假期都主动留下来复习所学知识，就连著名的松花江雪景，也一次没看过。

毕业时，他是全年级唯一一个全优毕业生。组织决定，选派钱七虎到苏联莫斯科古比雪夫军事工程学院攻读副博士学位。面对迟到了 6 年的留学机会，他更明确了自己的使命。

“那时正逢特殊困难时期，全国人民节衣缩食，供养我们在国外求学，我们心里都有一本账啊，一定要为国争光才对得起全国人民。”钱七虎说，在苏联读书期间，除学习之外，他最大的兴趣爱好就是到书店看书、买书，每次上街都是一头扎进书店里，每每收获到一本好书便欣喜若狂，反复仔细研读。4 年时间里，他没去过莫斯科的一处景点：“到处要排队，多浪费时间啊！”

1965 年，钱七虎学成回国，获得工学副博士学位。根据组织安排，他担任位于西安的工程兵工程学院教员。

钱七虎做客中央电视台《开讲啦》节目

钱七虎（中）和学生们在一起

为国家战略工程装上“金钟罩”“铁布衫”

“国家间的军事竞争就像两个武士格斗，一人拿矛、一人持盾，拼的是矛利盾坚。我的使命就是为国铸造最强盾牌。”钱七虎这样描述他挚爱的事业，“防护工程是地下钢铁长城，也是国家安全的最后一道防线。”

20 世纪 70 年代初，中国大西北人迹罕至的戈壁深处传来一声巨响，荒漠里骤然升起一团巨大的蘑菇云……当人们欢呼庆贺之时，一群身着防护服的科研人员第一时间冲进了核爆中心，冒着受辐射的危险勘察爆炸现场，年轻的钱七虎便是其中一员。

他们所进行的是一项开创中国核生化防护工程的崭新学科——核弹爆炸防护工程研究，其研究对象和测试方法在中国都属首次。

当时，钱七虎受命进行空军飞机洞库防护门的设计，为了找准原有设计方案存在的问题和原因，他专门到核爆试验现场调查研究。在核爆现场，他发现虽然飞机洞库防护门没有被严重破坏，里面的飞机也没有受损，但是防护门发生了严重变形，无法开启。

“门打不开，飞机出不去，就无法反击敌人。必须找出问题，进一步优化设计方案。”钱七虎说，那个时候，有限单元法作为一种工程结构问题的数值分析方法刚刚兴起。

“走前人没走过的路”是他的科研理念之一。钱七虎大胆决定用这种方法解决飞机洞库防护门的计算问题，解决大型防护门变形控制等设计难题，这在当时的中国是头一次。

设计计算需要用到晶体管计算机，但国内只有少数几个单位有这样的设备，他们自身的研究任务也很重，设备使用率很高。钱七虎便利用节假日和别人吃饭、睡觉的空隙，打时间差“蹭”设备用。

设备好不容易“抢”来了，如何使用又是一个难题。面对巨型计算设备，钱七虎团队拿到的只有一本操作手册。由于从来没有接触过，团队中很多人看它就像是在看“天书”。钱七虎虽然自学过计算机的基础理论，却从未上机操作过，他也只能硬着头皮现学。

连续两天时间，钱七虎把自己关在房间里“啃天书”。当他再次站在团队人员面前，说的第一句话就是：“可以上机操作了。”他不仅看懂了操作手册，还已经开始编写大型防护结构的计算程序。

由于科研任务重，钱七虎常常睡在办公室里，赶任务时啃馒头、吃咸菜是常有的事。心血付出了不少，试验却一次次失败。

“气动试验做了几十次，用了整整 1 年，失败后总结一下，就接着准备下一次试验。”钱七虎回忆道。任务攻坚期间，他从未气馁，而是把每一次失败都当成学习的机会。历时两年多，终于率领团队成功设计出当时国内跨度最大、抗力最高的飞机洞库防护门。

那一年，他 38 岁。拿到成果鉴定后不久，钱七虎也接到了一份“十二指肠溃疡和胃溃疡”的医疗诊断书。

钱七虎既没因成果鉴定书而高兴止步，也没让医疗诊断书吓倒，两张纸都被他放到一边，他趁热打铁总结起实践经验来。结果肠胃疾病尚未痊愈，长期劳累又诱发了痔疮。因为疼痛不能坐着，钱七虎就坚持趴在床上看书写作。

“《孙子兵法》讲：‘善守者，藏于九地之下。’信息化战争中，伪装和防护不是‘无能为力’，而是要走综合防护、土木工程防护与信息化防护相结合的路子。”钱七虎曾振聋发聩地指出。

20 世纪 80 年代起，世界上的军事强国开始研制新型钻地弹、钻地核弹，动辄数十米的钻地深度和巨大威力让人不寒而栗。为此，钱七虎创造性地提出建设深地下超高抗力防护工程的总体构想，并攻克一系列关键技术难题，为抗钻地核武器防护工程的选址、安全埋深，以及指标体系的建立和抗爆结构的设计提供理论依据，实现了防护工程跨越式发展。

经过 10 多年的研究，钱七虎率团队攻克了一个个难关，构建破碎区受限内摩擦模型，研究地冲击诱发工程性地震的不可逆运动规律和深部施工灾变孕育演化机理，为抗钻地核武器防护工程的设计与建设提供了理论依据，也为中国战略工程安全装上“金钟罩”“铁布衫”。

“奋斗一甲子，铸盾六十年。”中国人民解放军陆军工程大学校长王金龙说，钱七虎院士参与并见证了我国防护工程研究与建设从跟跑到并跑，再到有所领跑的全过程，为铸就我国坚不可摧的“地下钢铁长城”作出了杰出贡献。

率队完成“亚洲第一爆破”

“做科研工作，不能仅仅着眼当下看得见的事情，更应该站在国家的全局进行前瞻思考，哪些事情对国家和人民有利，我们的兴趣和爱好就要向哪些事情聚焦。”钱七虎始终认为，关心研究国家的建设发展，是一名科学家必须具备的情怀和担当。

1992 年 12 月 28 日，珠海三灶岛。在距炮台山 3 千米处的主席台上，坐着军地领导和国内外记者，现场的气氛宁静又紧张。那一刻，全国人民都在静静地关注着一场前所未有的大爆破。

作为这场爆破的主持者，钱七虎既充满信心，又有些许忐忑。他深知，这场爆破工程的难度极大：爆破总方量 1085 万立方米，50% 的土石方要一次性定向抛至大海，50% 的土石方要松动破碎；把半座山扔进大海，需要上万吨炸药，还要确保山外 600 米和 1000 米两处村庄安全，房屋不得倒塌……

时针往前回拨，1992 年，珠海机场扩建工程中，雄踞三灶岛南端的炮台山成为天然的巨大障碍，需要去除。“愚公移山”的重任落在了时任南京工程兵工程学院院长的钱七虎肩上。

遇到难啃的“硬骨头”，他身上总有一股敢闯敢拼的“虎劲”。钱七虎当即立下了军令状：“我们有最好的爆破工程专家和最过硬的团队，我胸有成竹！”

钱七虎 7 次到珠海一线研究解决重大问题，组织制定有效措施，带领爆破技术人员和学员连续奋战，反复做模拟试验，测定震动参数和炸药的可靠性，邀请多名国内爆破领域专家现场讨论设计方案，各方反馈的信息更加坚定了钱七虎的信心。

爆破当天的13时50分，随着爆破工程现场总指挥一声令下，顷刻间，1.2万吨炸药和数万支雷管在程控起爆器的精确控制下，分成33批，在38秒内逐一起爆，其爆炸当量相当于二战时期美国投放广岛原子弹的60%。

爆破成功，达到预期效果！炮台山的成功爆破，被称为“亚洲第一爆”，时至今日仍保持着世界最大直列装药集团爆破的纪录。这一爆不仅吹响了珠海特区改革前进的新号角，也开辟了我国爆破技术新的应用领域，为城市的快速建设发展增添了新动力。

“20世纪90年代初，‘城市病’问题并不突出，但是钱老师让我研究地下空间，当时我还有点无法理解。”中国人民解放军陆军工程大学教授陈志龙是钱七虎带过的博士生。他在地下空间领域已经进行了近20年的探索，至今仍然十分敬佩导师钱七虎的战略眼光。

随着科学技术的发展，人类向地球内部的探索也愈加深入。现在，我国已经能在2500米深的地下建水电站，在1000米深的地下建煤矿。但在20世纪80年代初，国外已经开展起深层岩石力学研究，而我国的研究晚了将近10年。引领中国这项研究的人正是钱七虎。

他一次次深入地下1000多米，在气温近40℃的湿热环境中实地考察，获得大量一手数据，作为研究领域的后来者，带领中国团队奋起直追。

当时，钱七虎敏锐地发现，国外一些大都市已经出现交通拥堵、空气污染、城市水涝等问题，地上空间利用远远跟不上人口的增长。而中国城市的规划建设并没有充分开发利用地下空间，如何向地下要空间，让城市更紧凑，这是钱七虎必须面对的科研新挑战。

“我要把所学的知识、掌握的技术，都无条件地贡献给国家的国防工程和民生工程。”抱着这样一种信念，改革开放以来，钱七虎把科研应用延伸到了国家经济社会发展的各个方面。

飞机飞越伶仃洋上空，从窗外望去：蔚蓝的大海上，白云点点，一条连接香港、珠海、澳门三地的“彩虹”横跨其上，吸引着钱七虎的目光。

“人生自古谁无死？留取丹心照汗青。”文天祥的《过零丁洋》保留了山河破碎、国破家亡的屈辱记忆。而如今，这条被誉为“工程界珠峰”的港珠澳大桥，横卧伶仃洋东、西两岸，连接香港、珠海、澳门三地，钱七虎就是为大桥建设贡献智慧力量的专家之一。

港珠澳大桥的海底隧道，建设全长约 6 千米，建成后要确保伶仃洋能通行 30 万吨的邮轮。钱七虎综合考虑洋流、浪涌、沉降等各方面因素，提出合理化建议方案。他建议 V 字形接头沉放工程精确采用流体的力学方法计算摆幅，并采用钢索控制摆动幅度的方法实施，最终接头沉放成功。

“关心国家的建设发展，是一名科学家必须具备的情怀和担当。”钱七虎说，“钱学森除了研究航天、火箭和导弹外，研究领域也很广泛，比如他曾经提出发展沙产业、建设山水城市等一系列超前理论。”他以钱学森为榜样，看到哪些事情对国家和人民有利，就把兴趣和爱好投向哪里。

“培养人才是我最大的课题”

“科学之路永无止境，攻坚克难需要接力奋进。因此，培养人才永远是我最大的课题。”在钱七虎看来，培养人才是事业的延续，提携后人是应尽的责任。秉承这一育人理念，60 多年来，他为人才培养倾注了大量心血。

“耄耋之年自有狂，固北疆，战南洋。磨剑数载，建万里国防。黄卷青灯伏书案，披繁星，戴骄阳。三尺讲台八千日，传师道，育儒将。十步芳草，立中外首榜。谋无不当举有功，铸利刃，断金刚。”听闻导师获奖的消息，钱七虎的学生吕亚茹写下了这首词。她说，很庆幸人生遇到了恩师，让自己找到了前进的方向。

“全心全意把青年人培养好。”钱七虎一生都在积极为国家培养人才。生活上，他对学生亲切热心、无微不至，但在学术上，他的要求严格到近乎严苛。

提起师从钱七虎的经历，很多学生都直言那是“痛苦而有收获的煎熬”。中国人民解放军陆军工程大学某实验室教授赵跃堂是钱七虎1992届的博士生，他回忆：“钱院士很严厉，我们都害怕他的批评，但又怕他不批评，因为他说过‘我要是哪一天不批评你了，就是对你失望了’。”如今，赵跃堂和众多师兄弟们已成长为该领域知名的专家教授，但钱七虎对他们的要求一直没有放松。

赵跃堂忘不了导师钱七虎对自己博士论文精益求精的要求：“不能仅仅为了拿到学位，你的科研成果是要运用到实践的，来不得半点马虎，要能立得住、经得起实践检验。”在导师的严格要求下，他的论文先后做了4次较大调整。

1996年，当赵跃堂把第七次修改完成的博士论文交给钱七虎时，钱七虎正要去北京参加政协会议。半个月后，钱七虎开完会返回南京，赵跃堂拿到了导师修改的论文初稿，上面写满了蝇头小字，从观点、公式到表格、数据，200多页的论文几乎每页都有增删和修改。原来，答辩日期临近，钱七虎带着他的论文去开会，白天和晚饭后都要参加繁忙的会议活动，直到晚上10点夜深人静后，钱七虎才在台灯下逐字逐句地推敲修改学生的论文，有几天甚至一直改到凌晨。

钱七虎常说，一个人的力量终归是有限的。只有一代代教书育人，让科研队伍发展下去，祖国的科研事业才能经久不衰。

“把更好的机会留给年轻人”，这是钱七虎的育人理念。

2009年，钱七虎主动放弃自己被提名的机会，推荐年轻学者冯夏庭出任国际岩石力学学会主席：“世界岩石力学研究中心在中国，冯夏庭年轻、有能力、有梦想。”最终，冯夏庭成为目前为止担任该学会主席的唯一中国专家。

赵跃堂回忆，读博期间，他验证一个试验时得到的数据与设计规范有出入。大家对此争论不休，钱七虎鼓励赵跃堂继续深入研究下去，并亲自指导立项。经过细致深入的试验论证，赵跃堂的研究揭开了当时国防和人防工程设计规范中存在的不足，研究成果获中国人民解放军科学技术进步奖二等奖。

数十年来，钱七虎创建了我国防护工程学科和人才培养体系，培养了长江学者、杰出青年、勘察设计大师等大批优秀人才，先后指导博士研究生 55 名、博士后 40 名，帮带出 10 余名国家级科技人才，并带领团队建成国家重点学科，国家重点实验室和国家、军队创新研究群体。

“淡泊名利是科学家精神的重要内核。”2021 年 7 月 13 日，中国工程院在北京举行的“学习习近平总书记‘七一’重要讲话精神”报告会上，钱七虎向听众分享了自己的人生经历和感悟。

2019 年 1 月，钱七虎荣获 2018 年度国家最高科学技术奖，国家奖励的 800 万元奖金首次可以完全由个人支配。可不到 1 周的时间,他就“花光了”。

中国工程院党组书记、院长李晓红透露了一个小故事：拿到奖金后，钱七虎都捐给了自己设立于家乡昆山的瑾晖慈善基金。而国家最高科学技术奖奖金发放的目的，是资助科学家的科研项目和家庭、个人生活，一般不用于捐赠。他捐出的这 800 万元，主要用于资助昆山市对口支援帮扶的新疆、贵州等地的家庭困难学生。“他一生淡泊名利。”李晓红说。

拿出 100 万元成立“钱七虎奖学金”，用以奖励年轻科研人员；向上海中学捐赠 50 万元，用以支持母校的发展建设；国内暴发新冠肺炎疫情后，钱七虎又先后向武汉捐赠 250 万元和 400 万元……钱七虎曾多次捐出自己的奖金。接受媒体采访时，他说：“把钱捐出去了，心里可畅快了。”

最早几批由瑾晖慈善基金资助的孩子们，如今陆续都大学毕业进入了社会，在各行各业为国家新时代的建设添砖加瓦。但他们不少人还保持着同钱七虎通信的习惯，汇报自己学习、工作和生活的情况。在他们眼中，为国为民的钱七虎是他们为人处世的楷模——为家，勇于担当；为国，全力以赴。

钱七虎说，他为之奋斗一生的“地下钢铁长城”是国家积极防御战略的重要基石，是我国核心安全的最后一道有形的防线。而他“家国同构，为国为民”的精神，则影响着越来越多的中国人，共同凝聚成一道无形的“钢铁长城”，永固祖国的美好河山。

钱七虎
谈
科学家
精 神

——服务国家建设发展是科学家的神圣使命，哪些事情对国家和人民有利，科技工作者的兴趣和爱好就要向哪里聚焦。

——科学之路永无止境，攻坚克难需要接力奋进。因此，培养人才永远是我最大的课题。

——爱党、信党、跟党走，是我一生中最正确、最坚定的选择。作为一名科技工作者，只有始终不忘初心、心怀感恩，把个人理想与党和国家的需要、民族的前途命运紧密联系在一起，才能有所成就、彰显价值！

——现场调查是工程建设的基础，每一个科研工作者都需要重视一线数据的积累。

——科学是老老实实的学问，来不得半点马虎。

——在建成科技现代化、科技创新强国的道路上，我们一定会遇到无数风险挑战，只有继承弘扬“爱国、创新、求实、奉献、协同、育人”的科学家精神，坚忍不拔、顽强拼搏，才能为实现中国梦作出新的贡献。

——当前我们的科技工作者，要根据中国的特定历史环境和条件来进行科技创新，只有明确了时代特点和历史方位，才能更好地承担起历史责任，只有有了责任感和使命感，也才有用之不竭的源源动力。

顾诵芬：让中国『战鹰』振翅的飞机大师

顾诵芬，我国著名飞机空气动力学家、航空科技战略科学家，新中国飞机设计事业的奠基人之一。1930 年 2 月出生于江苏省苏州市；1951 年毕业于交通大学（现上海交通大学）航空工程系；历任航空工业局工程师；沈阳飞机设计研究所空气动力组组长，研究所副所长、所长；中国航空研究院副院长、名誉院长；沈阳飞机制造公司总设计师；中国航空工业集团有限公司科技委员会高级顾问。

他致力于飞机设计研究，创建了中国人自己的气动力设计方法，构建了我国第一个完整成熟的气动设计体系；他成功研制我国第一型自主设计的高空高速战斗机，开创了中国战斗机自主研制的新纪元，为我国航空科技事业作出了重大贡献。

1985 年，顾诵芬荣获国家科学技术进步奖特等奖；1988 年获评“全国劳动模范”称号；1991 年当选中国科学院学部委员（院士）；1994 年当选中国工程院院士。2000 年获国家科学技术进步奖一等奖。2005 年获国家科学技术进步奖二等奖；2021 年 11 月获 2020 年度国家最高科学技术奖；2022 年被评为“感动中国”2021 年度人物。

顾诵芬院士

歼教-1、初教-6、歼-8……这些耳熟能详的飞机背后，有着同一个设计者的名字：顾诵芬。作为新中国航空科技事业奠基人之一，他一生只为做成一件事：设计中国人自己的飞机。

“这个奖不仅仅属于我个人，更是属于一代代为祖国航空事业接续奋斗的全体航空人。请允许我代表广大科技工作者感谢习近平总书记，感谢党和国家对航空工业的鼓励和信任。今天，站在这里，我很有底气地向习近平总书记汇报，也请党和全国人民放心：我们的航空装备有能力守护祖国的天空！我也想代表全体科技工作者表决心：以身许国，不辱使命！”

2021年11月3日，91岁高龄的顾诵芬坐在轮椅上，从习近平总书记手中接过国家最高科学技术奖证书和金质奖章，他的夫人江泽菲在台下注视着他。

颁奖仪式结束后，85岁的江泽菲穿过人群，紧紧握住顾诵芬的手。无数国民为科学家的伉俪情深感动不已，也对科技工作者背后默默付出的家人无比崇敬。

然而，面对记者的采访他却说：“对我来说获奖是个惭愧，党和人民给了我很多很高的荣誉，这些荣誉应归功于那些振兴中国航空工业的领导和默默无闻、顽强奋斗的工人、技术人员。”谈到荣获国家最高科学技术奖这一至高荣誉时，早已收获诸多荣誉的顾诵芬，一如往日地平和谦逊。

从“玩航模”到“爱航空”

因排行为“诵”，家人为他取名自西晋陆机《文赋》的名句“咏世德之骏烈，诵先人之清芬”。

人如其名，顾诵芬用自己的一生践行对祖国诚挚的爱，诠释着赤子之心。

1930 年，顾诵芬出生于有着“江南第一读书人家”美誉的江苏省苏州市顾氏家族。祖父顾元昌在书法上颇有造诣，父亲顾廷龙是我国著名国学大师。

当周围人以为顾诵芬会子承父业，弘扬、传承中华文化时，一场战争彻底改变了他的人生走向。

“轰隆隆——轰炸机从我家上空飞过，爆炸所产生的火光和浓烟仿佛近在咫尺，玻璃窗被冲击波震得粉碎……”时隔 80 多年，顾诵芬对日军轰炸的那一幕仍记忆深刻。

他回忆：“当时我哥哥在北京市里上中学，那个学校是德国人办的，所以一些先进的东西他们都能感受到。当时他们已经玩航模，玩硬纸板做的滑翔机，回来他玩我也跟着玩，兴趣慢慢就起来了。1937 年七七事变后，有天早上把我‘炸’醒了，日本飞机排得很整齐往西边去，紧接着就是炸弹响。1939 年我们到上海，二战快结束的时候上海（日军驻地）经受了美国飞机的轰炸，所以我知道二战美国人之所以占优势，就是他们的空军厉害，所以航空非常重要。”

日本侵略者的炸弹“炸”出了顾诵芬的航空梦，他曾暗暗发誓：“一定要搞出属于中国人自己的飞机！”

顾诵芬第一次接触“飞机”是 10 岁生日时，堂叔送给他一个木制的航模做礼物，他爱不释手。但那个航模是木结构的，飞了两次就摔坏了。

父亲见顾诵芬喜欢，就带他到一家外国人开的店里买了一个更坚固的舱身型航模。“这个模型也会坏，我就按照《小学生文库》的说明自己修，并学会了动手做航模。看到自己制作的航模飞起来，我感到非常自豪。”顾诵芬回忆。

至此，他和飞机结下了不解之缘。父亲是一个很开明的人，对他的兴趣爱好并没有多加干涉，只是告诉他做任何事都要认认真真地做好。

报考大学时，顾诵芬毫不犹豫地选择了航空系。“当时我被清华大学、浙江大学和上海交通大学同时录取，都是航空系。后来我选择了上海交通大学。”上了大学，他开始正式接触航空技术。

国家体育总局原航管中心模型部主任刘文章组织编写《名人话航模》一书时，向他约稿。顾诵芬写道：“航模不仅寓教于乐，教我航空知识，而且对后来的事业有很多实际的帮助。”他以“玩航模引导年轻人走上航空事业路”为题，回忆了自己从玩航模到爱航空的成长道路。

顾诵芬举例说，1958 年在为我国第一架自行设计的喷气教练机检查舱盖投放是否会打到垂直尾翼时，他用航模技能制作了动力缩比模型用于风洞试验；1961 年进行歼 -5 加挂副油箱安全性试验时，他用轻木制作副油箱缩比模型，配以高速摄影，解决了技术难题。顾诵芬在文章中写道：“开展航模活动对造就航空人才非常重要。现在小学搞航模已普及，相信我国的航空事业一定能从大国转成强国。”

为国设计第一架飞机的“无名英雄”

“功成不必在我，功成必定有我”，这是顾诵芬和同伴们共同的追求。到了 1978 年全国科学大会以后，因政府、部队、航空工业系统等的多次奖励、表彰，顾诵芬的名字才逐渐进入大众视野。

1951 年，正值抗美援朝的困难时刻，党中央作出重大决定，国家拿出“60 亿斤小米”建设航空工业，航空工业局在沈阳成立，新中国航空工业艰难起步。当年 8 月，顾诵芬以优异的成绩从上海交通大学航空工程系毕业，分配到中央新组建的航空工业系统。

时年 21 岁的顾诵芬遇到了徐舜寿、黄志千等当时中国优秀、权威的飞机设计专家，这两位良师益友对他一生从事飞机设计事业产生了巨大影响。

徐舜寿的敏而好学、刻苦钻研既与顾诵芬志趣相投，又给他树立了一个

顾诵芬（右）与试飞员鹿鸣东在一起讨论

工作中的顾诵芬

榜样。顾诵芬回忆，与徐舜寿一起出差时，看到他为了充分利用时间，在硬卧车厢里，把随身携带的硬壳提箱当桌子，摊开稿纸就开始翻译。徐舜寿半小时就可以翻译两页，就是以这样的速度在去南昌的旅途中把康恩《飞机强度学》一书译了出来，而译著所得稿酬，则一如既往地全部捐献给抗美援朝中国人民志愿军。之后的顾诵芬，也和前辈徐舜寿如出一辙：出差时翻译，对国外前沿读物如数家珍，是“一本行走的《航空大百科》”。

黄志千同样让顾诵芬肃然起敬。“当时航空工业已从修理、配造走上了整机仿制的道路，并已开始了自行设计的萌芽。在志千同志的主持下，我们曾协助 320 厂准备拉 -9 机翼静力试验的资料。为雅克 -18 考虑喷农药的方案，也都是在志千同志带领下干的。”顾诵芬曾在《怀念志千同志》一文中写道，“我在处理技术问题，特别是技术数据时，往往凭记忆。志千同志则一再告诫必须查文件，记忆难免有失误之处。万一失误，造成的后果就会很严重。”

新中国航空工业初创，正好碰上抗美援朝时期，主要任务就是修理苏联支援的各型飞机。顾诵芬所在的制图组负责当时苏联提供的飞机、发动机、配件等图纸的翻译和复制，为工厂的维修工作提供技术支持。

飞机生产线虽有苏联援助，但设计却是禁区。顾诵芬接受《解放周末》记者采访时回忆：“苏联专家到我国只是教我们怎么造飞机，不肯教我们怎么设计飞机。他们让我们生产雅克 -18 初级教练机和米格 -15 高亚声速喷气歼击机等机型，给我们的图纸中，只有强度计算报告和静力试验任务书等，而没有设计飞机所必需的强度规范和气动设计手册等资料。我们曾多次向苏方提出要《设计员指南》和《强度规范》，结果人家说‘没有义务教你们中国人设计飞机’。”

“仿制而不自行设计，就等于命根子在人家手里。我们必须设计中国人自己的飞机！”1956 年，我国第一个飞机设计机构——沈阳飞机设计室成立，26 岁的顾诵芬作为首批核心成员，担任气动组组长。对于这支平均年龄只有 22 岁的设计团队，第一项挑战就是设计我国首型喷气式飞机——歼教 -1。

空气动力学是飞机设计的灵魂。然而此前，在上海交通大学航空工程系学习时，顾诵芬在大学里只学过螺旋桨飞机设计基础课程，两侧进气的气动力设计构想国内也无先例。

“当时压力挺大的，我之前没接触过喷气式飞机设计，只能到北京航空航天大学图书馆去查阅资料。”顾诵芬说，那时北京航空航天大学门前还是土路，没有公交车，只能每天晚上骑自行车去，买了硫酸纸把重要的图描下来带回去。既没经验，又没有相关的资料，只有少数几本参考书，只能硬着头皮干。

为了解决设备匮乏问题，设计室的同志们想了不少土办法，比如每天晚上去医院捡废针头，把它们焊接到铜管上，当作实验设备。

“不学不行啊，要搞超声速的飞机，不抓紧时间去读一些这方面的书和资料，怎么去解决等着你的问题呢？”在所得资料基础上，顾诵芬思考出一套可以进行气动力设计计算的方法，完成了翼型、翼身组合型式选择与计算，进气道参数确定和总体设计所需数据的计算。

1958 年 7 月 26 日，我国第一架自行设计的喷气式飞机歼教 -1 在沈阳飞机厂机场首飞成功。时任军事科学院院长的叶剑英元帅为首飞仪式剪彩。考虑到当时的国际环境，首飞成功的消息没有公开，周恩来总理托人带话：“告诉这架飞机的设计人员，要他们做无名英雄。”

歼教 -1 飞机从 1956 年 10 月开始设计到 1958 年 7 月首飞成功，只用了 1 年 9 个月的时间，其速度之快，在国外也属罕见。“指挥台升起绿色的信号弹，既是对歼教 -1 放飞的信号，是对我们这支航空设计队伍成绩初次考核的信号，也是祖国航空设计事业起跑的信号。”顾诵芬回忆起歼教 -1 的试飞成功时说，“在这么短的时间里设计出我国第一架飞机，确实很不可思议。很多人因此以为，这个中国首个飞机设计室一定是用了全国之力，一定有很完备的条件，其实不是的。”

实际情况是，设计室在国营 112 厂（现中航工业沈飞）成立的时候，连办公室都没有，实验室则是由原来的一间厕所改造而来的。

随着歼教 -1 腾空而起，顾诵芬又完成了初教 -1（后改为初教 -6）的空气动力设计任务。

他在几乎是一张白纸的新中国飞机设计事业中创建了属于中国人自己的空气动力设计方法，让我国在应用空气动力学的研究和实践方面登上了新的高峰。

“他所创立的飞机气动力设计方法体系，至今仍被国内飞机设计采用，为后续歼击机设计作出了历史性的贡献。”顾诵芬的学生、中国工程院院士、中国航空研究院院长孙聪说。

三上蓝天“干掉”歼 -8 研制难题

由于姐夫黄志千逝于空难，他们家有一个约定：不再乘坐飞机。为解决歼 -8 跨声速抖振的现象，顾诵芬却瞒着家人、冒着生命危险 3 次“上天”，“心里想着的是国家，并不是想着自己怎么样”。

20 世纪 60 年代中期，世界上超级大国已拥有两倍声速战斗机，而我国却没有与之抗衡的装备。因国际形势突变，引进途径也被堵死。

求人不如求己。1965 年，歼 -8 战斗机项目启动，这也是中国自主研发的首架双发高空高速歼击机。

机头进气还是两侧进气？选用什么样的雷达？方向稳定性、纵向稳定性问题怎么解决？顾诵芬带领团队一个个攻克设计过程中出现的难题。

在主编的《飞机总体设计》一书中，他写道：“飞机设计是一个反复迭代、逐次逼近的过程。在每个研制阶段中，设计工作都要通过反复磋商，协调各种矛盾，才能达到设计要求。”

“那时候，大家都有一个共同的信念，一定要研制出我国自己设计的高空高速歼击机。”中国航空研究院原党委书记刘鸿志在他的回忆录中记述，为

顾诵芬（左二）和科技人员在飞机上研究技术问题

顾诵芬（前排右二）在试验现场

尽快完成飞机设计，技术人员工作在简陋的车间地下室，睡在临时搭成的双层通板铺，饿了啃口凉馒头，困了趴在图板上打个盹儿，醒来继续干。就这样，将全机 11400 多个零件、1200 多项标准件用几万张 A4 图纸一笔笔画出来。

1969 年 7 月 5 日，歼 -8 飞机实现首飞。顾诵芬的原同事徐德起撰写的《呕心沥血为新机》一书中写道：“这一天，试飞机场上人们屏声静气地注视着跑道一端的歼 -8，顾诵芬同志手掐秒表，准备测算歼 -8 滑行时间。飞机飞起来了，秒表测得的数据与计算完全相符。20 分钟后，歼 -8 返航，首次试飞成功了！观看的人群一片欢腾！当时一些人去赴‘庆功宴’了，他却悄悄离开人群，去思索下一步试飞方案。”

随后的飞行试验中，歼 -8 出现强烈抖振，能否解决这一问题，关系到歼 -8 能否实现超声速飞行。顾诵芬知道，这是气流分离的问题，但不知道症结的具体位置在哪里。

“我想了个土办法，在机尾罩上贴了许多毛线条，通过观察毛线条的扰动情况来弄清楚机身后侧的气流是在哪里分离的，因为没有摄像机，只能靠人坐另一架飞机去看，但那得贴得非常近才能看清楚。”顾诵芬从未接受过飞行训练，夫人还下了个“死命令”——“不许上天”。

可是，不上去看，怎么解决问题？顾诵芬只好瞒着她，乘歼教 -6 去看歼 -8，两机编队飞行时，他要求两机距离保持在 10 米左右，实际上，后来近得只剩 5 米。

在准备上天观察的那天，他像往常一样骑着自行车出发，爱人江泽菲根本不知道他去的是机场。

顾诵芬回忆：“压力很大，歼 -8 上天的前一天晚上，我做噩梦，惊醒了。担心，害怕摔了，我这责任太大了。”

当时驾驶飞机的试飞员鹿鸣东说：“顾总那会儿已年近半百，却丝毫不顾高速飞行对身体带来的影响和潜在的坠机风险，毅然亲自带着望远镜、照相机，在万米高空观察拍摄飞机的动态，这让所有在场的同志都十分震撼和感动。”

3次“上天”后，顾诵芬终于发现抖振的症结所在，并带领团队“干掉”了问题。此后，又接连攻克了跨声速机体振动、发动机频繁停运、机体温度过高等技术难题，为歼-8最终设计定型作出了突出贡献。

很快，顾诵芬又被任命为歼-8 Ⅱ总设计师，也是我国航空工业首位由国家任命的型号总设计师。

因过度劳累，他在一次会议上摔倒，造成了脑震荡，即使这样，顾诵芬心心念念的仍是飞机设计。中国工程院院士、中国航空工业沈阳飞机设计研究所首席专家杨凤田记得特别清楚：“顾总一醒来就用微弱的声音跟我说：‘我去不了北京了，你一个人去，到北京找老管（指沈阳飞机设计研究所原副所长管德），你们俩去汇报。’他爱人就在旁边，顾总却一句话都未及说，就再次昏迷过去。他一贯把事业和工作放在第一位，时刻想着航空报国。”

而后，顾诵芬制定了两侧进气的气动布局方案，解决了二元超声速可调进气道设计等一系列问题。同时，组织和领导多个部门、上百个单位高效协同工作，仅用4年，歼-8 Ⅱ就实现了首飞。

歼-8系列飞机共衍生16种型号和技术验证机，一直是我军20世纪的主战装备，捍卫中国领空长达半个世纪，成为中国航空自主研制的一代传奇。

1985年，歼-8项目被授予国家科学技术进步奖特等奖，顾诵芬坦言：“歼-8可以说是‘连滚带爬’搞出来的。”2000年，歼-8 Ⅱ飞机获国家科学技术进步奖一等奖。

顾院士的同事，中国航空工业沈阳飞机设计研究所专务、型号总设计师赵霞表示：“从亚声速到超声速，我们的设计方法，包括参数辨识、修正体系、技术体系，很多是通用的，所里很多手册还是当年顾院士那一代老知识分子编的。顾院士对飞行器设计或者航空的贡献相当于从一穷二白到建立了非常好的基础。”

“行走的图书馆”

顾诵芬的办公室位于北京市朝阳区北苑的中国航空工业集团有限公司（以下简称中航工业）科技委员会，距离他家约 500 米。此前，他来去匆匆，步行几分钟就能到；上了年纪后慢慢地走，需要走近 40 分钟。年逾九旬的他，仍不辞辛苦地在家和办公室之间往返，一步一步，引领着航空人探索并走向中国航空工业的未来。

北苑陈旧的办公室内，除了 1 张电脑桌、2 张为客人准备的旧沙发外，全被书柜、书架所占，地上堆放着一摞摞书刊和装着资料的纸箱，靠窗摆着顾诵芬用了 30 多年的老式办公桌和 1 把再普通不过的木椅。

来过的客人都说这里像一片“书的森林”，而顾诵芬能清楚地记得每本书的位置，甚至记得每本书的内容。如果有人来找他探讨某项技术，他会站起来走向书架，几乎不假思索地抽取一本书或刊物，翻到某一处，指给来者看。

早在几十年前，顾诵芬惊人的记忆力就在航空系统传开了。

1965 年，从清华大学毕业的孙卿被分配到中国航空工业沈阳飞机设计研究所工作。尽管已过去几十年，孙卿至今仍对第一次听顾诵芬讲课记忆犹新，“他在黑板上写下一串长长的、复杂的气动力数学公式，完全凭记忆，令所有听课的年轻人都震惊不已”。这样的授课，孙卿此前仅遇见过一次，那是钱学森先生的课，此后再未听过第三人这样讲过课。

中国工程院院士杨凤田说：“他的脑子对资料的储存真不亚于一台计算机。每当我在工作中碰到一些技术问题，他都能立即给出 NASA（美国国家航空航天局）或 AGARD（航天研究与发展咨询组）报告号，我一查，果然是要参考的内容。”

“他就像一个活图书馆。之所以有这个本领，一是他勤奋学习，抓紧一切时间读书；二是他有惊人的记忆力，看过一遍就记住了。”中国科学院院士李天赞叹道。

谈及自己的博闻强记，顾诵芬笑着说：“这是父亲的教诲，喜欢干什么就好好干，不能‘拆烂污’。”

读书是他工作之余唯一的爱好。江泽菲说，结婚以后，他们每一两个月去一次沈阳的太原街，顾诵芬直奔书店，她则采购食品和其他家用物品，大约 3 小时后她再去书店跟丈夫会合，然后一起回家。

曾与他同住一间宿舍的中国航空工业沈阳飞机设计研究所原高级工程师冯家斌回忆，顾诵芬回来后先冲一杯牛奶，再把热水倒入脚盆，兑上凉水，“双脚放进盆里，然后翻开桌上早已准备好要看的书，这些书大部分是英文版的技术书。上边翻看着书，下边双脚相互搓洗，还不时用汤勺搅拌一下杯里的牛奶。当书翻得差不多的时候，脚也泡好了，牛奶也冷热适口，便一饮而尽”。

在顾诵芬看来，读书是获取知识的重要来源。“好多事情你要做，那就不能凭空想，必须找一些材料，需要认真读书。另外，只读书不去用、不去想，那是空的；不读书，净想事儿也是空的。”

桃李不言，下自成蹊。他带领着一代又一代航空人奋发图强、自力更生、勇于创新，推动我国航空技术的跨越式发展。

“到航空工业科技委员会工作后，顾总高瞻远瞩，紧盯世界航空科技前沿。”顾诵芬的学生，如今已成为院士的歼 -15 舰载机总设计师、中国航空研究院院长孙聪说，导师注重理论研究，为重大项目的决策和实施建言献策，推动了我国航空装备和技术的发展。

当孙聪还是北京航空航天大学四年级学生时，听过顾诵芬一次演讲，毕业后便义无反顾地投身航空。“顾总有一种航空报国情怀，他为人低调，淡泊名利，一心扑在飞机设计事业上，是年轻人学习的楷模。”孙聪说，“他教会我们的，不仅是飞机的设计和创新，更让我们学会了无论何时都不要在意质疑，要始终坚持真理。做好自己的本职工作，金子终究会发光。”孙聪深情回忆起和顾院士的过往，心中满是感怀。

自2017年起，航空工业发起“书香·航空”活动，每年1期。在第二届活动中，时年已87岁高龄、刚动过手术的顾诵芬来到活动现场，与年轻人互动。他号召广大青年人多读书，树立正确的革命人生观，建议熟读并牢记毛泽东的《纪念白求恩》、《为人民服务》和《愚公移山》，努力钻研《实践论》和《矛盾论》，这也是钱学森推荐给科研人员的；同时，要向榜样学习，研读徐舜寿先生、中国工程院院士管德以及美国凯利·约翰逊、俄罗斯费多索夫院士等航空界著名人物的传记，认真学习他们钻研技术、不断创新的精神。

2018年，年近90岁高龄的他，仍然心系航空科技创新。在第五届航空工业“科技月”启动会上，他分享了参加两院院士大会的所思所想：“聆听习近平总书记的讲话后，我整夜没能合眼，感觉压力很大，一直在思考我们的航空工业到底要如何突破‘卡脖子’的关键专业和技术问题。”他勉励广大航空领域科技工作者，要在科技创新上下功夫，加强基础研究和应用基础研究。

时至今日，顾诵芬仍敏锐地关注着国际航空前沿科技发展的动态，思考着未来的发展。他说：“现在科技发展快，不学习就跟不上形势的变化。了解航空的进展，就是我的晚年之乐。我现在能做的也就是看一点书，翻译一点资料，尽可能给年轻人一点帮助。”

“回想70年的航空生涯，谈不上什么丰功伟绩，只能说没有虚度光阴，为党和国家做了些事情。我深切感受到，将毕生理想与祖国需要紧密相连的奋斗过程是最幸福的！”顾诵芬淳朴的话语中不无谦虚。

对于年轻人，他充满期待：“我国航空事业发展需要年轻人才，他们是祖国的明天。我只想对年轻人说，心中要有国家，永远把国家放在第一位。”

顾诵芬

谈

科学家
精　神

——如今，科技创新的战略地位被提升到前所未有的高度，科技创新成为我国高质量发展的重要支撑，充分体现了党和国家对科技创新的重视。这是科技发展的珍贵机遇，广大科技工作者应该牢记使命，抓住时代赋予的机遇，努力提升自身素质，为科学事业的发展作出贡献，为实现中华民族伟大复兴而努力奋斗。

——这些政策都极大地激励着广大青年科技工作者，鼓励他们不要计较个人得失，要勇攀科技高峰，抓住国家需要的尖端项目，努力突破“卡脖子”的关键技术，加强基础研究和应用基础研究，为国家科技创新发展贡献自己的力量。我相信会有更多优秀科研团队脱颖而出，在重大科研攻关中施展才华、建功立业。

——当今世界正经历百年未有之大变局，这一代科技工作者面临着新的机遇和挑战。但我认为，机遇大于挑战。今天的科技工作者有更好的环境、条件、机会，能为国家做更多事，出更多力。青年科技工作者首先要爱国，要有为国家做事的信念，沉下心，甘坐“冷板凳”，为自主创新拼搏奋斗，把人生追求融入国家的科技事业发展中。

参考文献

[1]魏宇杰，周德进 . 郑哲敏：力学家的报国之“力”[N/OL]. 学习时报，http://paper.cntheory.com/html/2021-10/20/nw.D110000xxsb_20211020_1-A6.htm.

[2]陈竹，邱晨辉 .97 岁国家最高科技奖获得者郑哲敏逝世 [EB/OL].(2021-08-25).http://baijiahao.baidu.com/s?id=1709035154942945245&wfr=spider&for=pc.

[3]陆成宽 . 尽“力”报国毕生愿：缅怀中国科学院院士、中国工程院院士郑哲敏 [N/OL]. 科技日报，2022-04-01.http://www.cas.cn/zt/rwzt/mhzzm/mtbd/202204/t20220401_4830284.shtml.

[4]陆成宽 . 在钱学森面前“炸”出一个新学科的他走了 [N/OL]. 科技日报，2021-08-26. http://www.cas.cn/zt/rwzt/mhzzm/mtbd/202108/t20210826_4803336.shtml.

[5]齐芳 .“驯服”炸药的郑哲敏，走了 [N/OL]. 光明日报，2021-08-26.http://www.cas.cn/zt/rwzt/mhzzm/mtbd/202108/t20210826_4803388.shtml.

[6]倪思洁 . 干“出汗”的活 做“不折腾”的人：追忆两院院士郑哲敏 [N/OL]. 中国科学报，2021-09-03.http://www.cas.cn/zt/rwzt/mhzzm/zydn/202109/t20210903_4804432.shtml.

[7]陶加 . 张存浩：双料学科的奠基人 [EB/OL].(2014-01-13).http://www.dicp.cas.cn/xwdt/mtcf/20092014/201809/t20180927_5103638.html.

[8]刘湘竹 . 张存浩：一生科学梦想是强国 [N]. 大连日报，2014-01-11(1).

[9]邱晨辉 . 张存浩：“我的贡献不如年轻人大”[N/OL]. 中国青年报，2014-01-11.http://zqb.cyol.com/html/2014-01/11/nw.D110000zgqnb_20140111_2-02.htm.

[10]杨琪，张晶晶 . 静深若海 击石有声：记中国科学院院士、2013 年度国家最高科学技术奖得主张存浩 [N/OL]. 中国科学报，2014-01-13.https://news.sciencenet.cn/sbhtmlnews/2014/1/282503.shtm.

[11]詹媛 . 风度翩翩铸伟业：记国家最高科学技术奖获得者张存浩 [EB/OL].(2014-01-11). http://www.dicp.cas.cn/xwdt/mtcf/20092014/201809/t20180927_5103619.html.

[12]刘莉 . 张存浩：追寻那束光 [EB/OL].(2014-01-11).http://www.dicp.cas.cn/xwdt/mtcf/20092014/201809/t20180927_5103616.html.

[13]刘松柏 . 强国赤子心 胸中浩气存：记 2013 年度国家最高科学技术奖获得者张存浩院

士 [N/OL]. 经济日报,2014-01-11.http://paper.ce.cn/jjrb/html/2014-01/11/content_184720.htm.
[14]杨舒 . 赵忠贤:“为中华物理生根” [N/OL]. 光明日报，2021-06-07.http://m.gmw.cn/baijia/2021-06/07/34903960.html.
[15]李艳 . 赵忠贤：“土炮” 搞超导，也管用 [N]. 科技日报，2019-12-12(1).
[16]陈欢欢 . 赵忠贤院士讲党课侧记：搞科学研究需要扎根 [N/OL]. 中国科学报，https://news.sciencenet.cn/htmlnews/2018/7/415793.shtm.
[17]杜芳 . 半个世纪的超越与导引：记国家最高科学技术奖获得者赵忠贤 [N/OL]. 经济日报，2017-01-10.http://www.ce.cn/xwzx/gnsz/szyw/201701/10/t20170110_19496990.shtml.
[18]王静 . 超导体让赵忠贤做到了极致 [N]. 中国科学报，2017-01-10(4).
[19]李艳 . 赵忠贤：探寻超导世界 “新高度” [N]. 科技日报，2017-01-10(6).
[20]齐芳 . 曾庆存：我的选择始终与祖国需要紧密相连 [N/OL]. 光明日报，2021-8-17.https://news.gmw.cn/2021-08/17/content_35084955.htm.
[21]梁伟 . “诗人院士” 曾庆存 为风云气象解码 [J]. 中华儿女，2019(8)：34-37.
[22]黄子桐 .70 载笔耕伏案 测算气象风云：记国家最高科学技术奖获得者、中国科学院院士曾庆存 [J]. 中国科技奖励，2020(1)：32-35.
[23]章梓良，邵红能 . 不忘初心的 “天气情”：气象大师曾庆存 [J]. 科学 24 小时，2021(3)：43-44.
[24]中国科学院 . 曾庆存：从借东风和草船借箭说起 [J]. 中国科学院院刊，2007(1)：5.
[25]倪思洁 . 曾庆存院士：气象科学 “老战士” [N]. 中国科学报，2021-12-24(1).
[26]中国科学院大气物理研究所 . “大师风范” 曾庆存：气象万千 了然于胸 [J/OL]. 中国高新科技，2020(11).http://baijiahao.baidu.com/s?id=1684123274791293817&wfr=spider&for=pc.
[27]杨洋 . 曾庆存：勇攀气象学之巅，情牵故乡的云播 [J/OL]. 南方，2020(9).http://baijiahao.baidu.com/s?id=1677784094415009458&wfr=spider&for=pc.
[28]张晶晶 . 曾庆存院士：万水千山总关情 [N/OL]. 中国科学报 .2014-2-28.http://news.sciencenet.cn/htmlnews/2014/2/289181.shtm.
[29]扈永顺 . 中科院院士、国家最高科学技术奖得主曾庆存：如何 “把脉” 地球 [N/OL]. 瞭望，2021(23).http://lw.xinhuanet.com/2021-06/07/c_139993049.htm.
[30]赵晓妮，卢健 . 拓荒，在 “星光” 璀璨之前：记风云卫星开创者之一曾庆存 [EB/OL].

(2020-10-11).http://baijiahao.baidu.com/s?id=1680235283454031403&wfr=spider&for=pc.
[31]孙自法．大气科学家曾庆存院士：致力“天有可测风云”[EB/OL].(2020-01-10).http://www.chinanews.com.cn/gn/2020/01-10/9056000.shtml.
[32]陈海波．“气象科学老战士”曾庆存：不求闻达亦斯文 [N/OL]. 光明日报，2020-01-11.http://m.gmw.cn/baijia/2020-01/11/33472531.html.
[33]央视网．国家最高科学技术奖获得者・曾庆存 [EB/OL].(2020-01-10).http://tv.cctv.com/2020/01/10/VIDEzliiWJVKrsiiGJZUF1d6200110.shtml.
[34]沈慧．二〇一九年度国家最高科学技术奖获得者曾庆存：风霜雨雪总关情 [EB/OL].(2020-01-11).http://www.ce.cn/cysc/tech/gd2012/202001/11/t20200111_34099769.shtml.
[35]曾庆存，周权．将原始方程计算应用于数值天气预报业务 曾庆存院士谈留苏岁月 [J]. 科学文化评论，2018，15(1)：88-95.
[36]操秀英．曾庆存：气象万千映丹心 [N]. 科学日报，2020-01-11(7).
[37]央视网．《全国气象发展“十四五”规划》：到 2025 年实现关键核心技术自主可控 [EB/OL].(2021-12-02).http://tech.cnr.cn/techyw/technews/20211202/t20211202_525676896.shtml.
[38]张盖伦．天上有颗“屠呦呦星”[N]. 科技日报，2016-01-05(1).
[39]潘希．屠呦呦获奖“打开了闸门”[N]. 中国科学报，2015-10-09(1).
[40]王君平．屠呦呦：淡定背后的执着 [N/OL]. 人民日报，2015-10-07.http://www.cas.cn/zt/sszt/2015nobelprize/slxhyxj/201510/t20151008_4433804.shtml.
[41]陈思源．屠呦呦：蒿草青青 呦呦晚鸣 [EB/OL].(2019-09-25).http://www.ce.cn/xwzx/gnsz/gdxw/201909/25/t20190925_33218411.shtml.
[42]张盖伦．屠呦呦：此生执着青蒿素 [EB/OL].(2021-06-01).http://baijiahao.baidu.com/s?id=1701351314077020023&wfr=spider&for=pc.
[43]黄筱．屠呦呦：青蒿素是中医药献给世界的礼物 [EB/OL].(2021-05-31).http://baijiahao.baidu.com/s?id=1701275795850853897&wfr=spider&for=pc.
[44]田雅婷．屠呦呦：常怀济世报国心 [N/OL]. 光明日报，2019-09-27.https://news.gmw.cn/2019-09/27/content_33192025.htm.
[45]杨舒．侯云德：阻击传染病战场上的一线“老将军”[EB/OL].(2018-01-08).http://m.gmw.cn/toutiao/2018-01/08/content_120303367.htm.

[46]崔云逸 . 侯云德：竭尽一生“斗”病毒 [N/OL]. 中国科学报，2020-02-27.http://news.sciencenet.cn/sbhtmlnews/2020/2/353588.shtm.
[47]唐婷 . 国家最高科技奖得主侯云德：铸就重大传染病防控之“盾”[EB/OL].(2018-01-08).http://www.thepaper.cn/newsDetail_forward_1940366.
[48]冯华 .2017 年度国家最高科学技术奖得主侯云德：60 年织就防病健康网 [EB/OL].(2018-01-08).http://scitech.people.com.cn/n1/2018/0108/c1057-29751692.html.
[49]刘一霖 . 此生，和病毒鏖战 [N/OL]. 中国纪检监察报，2018-01-22.https://jjjcb.ccdi.gov.cn/epaper/index.html?guid=1408362424330878977.
[50]张茜 . 侯云德：病毒“超人”[N/OL]. 中国青年报，2018-01-09.http://zqb1.cyol.com/html/2018-01/09/nw.D110000zgqnb_20180109_5-05.htm.
[51]章文 . 一生为国铸盾 映照百年风云：追记第七届全国道德模范、“两弹一星”元勋程开甲 [N/OL]. 光明日报，2021-10-18.http://www.cnitech.cas.cn/culture/party100/mcgq/202110/t20211025_6228589.html.
[52]张强 . 程开甲：勇闯原子弹爆心的“核司令”[N/OL]. 科技日报，2020-01-10.https://baijiahao.baidu.com/s?id=1655341262131830203&wfr=spider&for=pc.
[53]章文 . 程开甲：一生与祖国紧紧相连 [N/OL]. 光明日报，2019-10-23.https://news.gmw.cn/2019-10/23/content_33255556.htm.
[54]张强 . 程开甲：半生埋名为国铸盾 [N/OL]. 科技日报，2019-10-21.http://www.cas.cn/xzfc/201910/t20191021_4720761.shtml.
[55]章文 . 程开甲：永远的“中国核司令”[N/OL]. 光明日报，2018-11-19.https://news.gmw.cn/2018-11/19/content_31992996.htm.
[56]熊杏林，邹维荣 .“中国核司令”：他的名字走入国家的绝密档案 [EB/OL].(2018-04-09).http://www.81.cn/bqtd/2018-04/09/content_8009551.htm.
[57]程开甲 . 程开甲：只有创新才能获得真正的成功 [N/OL]. 人民日报，2017-06-07.http://opinion.people.com.cn/GB/n1/2017/0607/c1003-29322220.html?ivk_sa=1024320u.
[58]喻思南 . 中国“氢弹之父”于敏：他的名字曾绝密二十八年 [EB/OL].(2021-01-06).http://baijiahao.baidu.com/s?id=1688114905782003133&wfr=spider&for=pc.
[59]董瑞丰 . 于敏：一个曾经绝密 28 年的名字 [EB/OL].(2019-09-17).http://www.bjb.cas.cn/tbzt2016/dnzt/sd/jdwz/202007/t20200702_5615558.html.
[60]陈瑜 . 于敏：为了科学真理拍桌子 [N/OL]. 科技日报，2019-11-19.https://baijiahao.

baidu.com/s?id=1650654949479901242&wfr=spider&for=pc.
[61]陈瑜 . 于敏：惊天事业，沉默人生 [N]. 科技日报，2019-09-24(4).
[62]陈海波 . 于敏：“民族情感是我的精神动力”[N/OL]. 光明日报，2019-09-19.https://news.gmw.cn/2019-09/19/content_33169482.htm.
[63]朱敏 . 于敏：干惊天动地事 做隐姓埋名人 [EB/OL].(2019-09-18).http://www.cas.cn/zt/rwzt/qmj2020/ym/jnwz/202004/t20200402_4739720.shtml.
[64]应阳君，李绍孟 .“氢弹之父”于敏和氢弹原理突破的百日会战 [J]. 现代物理知识，2015，26(4)：39-42.
[65]陈瑜 . 于敏：核弹征程舞忠魂 [N]. 科技日报，2015-01-10(8).
[66]李晨阳 . 黄旭华：为国“深潜”这一生 [N]. 中国科学报，2020-01-13(4).
[67]刘志伟 . 黄旭华：埋名三十载铸就深潜重器 [EB/OL].(2019-09-30).http://bgimg.ce.cn/xwzx/kj/201909/30/t20190930_33255427.shtml.
[68]陈芳，温竞华，董瑞丰 . 此生属于祖国，此生无怨无悔：隐身 30 年的中国核潜艇先驱黄旭华 [EB/OL].(2020-01-10).http://baijiahao.baidu.com/s?id=1655329355306097817&wfr=spider&for=pc.
[69]韩亚栋 . 著名核潜艇专家黄旭华：中华民族必定如日出东方一般崛起 [EB/OL].(2019-01-18).http://v.ccdi.gov.cn/ltdj/huangxuhua/index.shtml.
[70]完颜文豪 . 中国第一代核潜艇总设计师黄旭华的“深潜”人生 [EB/OL].(2017-01-16).http://www.xinhuanet.com//local/2017-01/16/c_1120316752_2.htm.
[71]刘宏宇 . 黄旭华：将人生与祖国命运绑在一起 [EB/OL].(2017-12-25).http://www.81.cn/jwgd/2017-12/25/content_7883130.htm.
[72]叶乐峰 . 黄旭华：誓言无声 初心永恒 [N/OL]. 光明日报，2017-12-26.http://news.gmw.cn/2017-12/26/content_27184337.htm.
[73]陈彬 .2020 年度国家最高科学技术奖得主王大中：但为核能付出一生 [N]. 中国科学报，2021-11-04(1).
[74]佘惠敏 . 2020 年度国家最高科学技术奖获得者王大中：让核能安全固若金汤 [EB/OL].(2021-11-04).http://baijiahao.baidu.com/s?id=1715446501607223215&wfr=spider&for=pc.
[75]操秀英 . 王大中：为祖国释放最大“核能量”[N/OL]. 科技日报，2021-11-04.http://www.stdaily.com/kjrb/kjrbbm/2021-11/04/content_1230007.shtml.
[76]詹媛 . 王大中：科技创新是我们最主要的爱国方式 [N/OL]. 光明日报，2021-11-03.

http://tech.gmw.cn/2021-11/03/content_35284154.htm.
[77]叶雨婷.国家最高科技奖得主王大中:“23岁半传奇”走出的核能大家[EB/OL].(2021-11-03).http://baijiahao.baidu.com/s?id=1715401760048394501&wfr=spider&for=pc.
[78]詹媛.王大中：科研如登山 需要悟性勇气和韧性[N/OL].光明日报，2021-11-04.http://news.gmw.cn/2021-11/04/content_35285179.htm.
[79]张蕾，李苑.报效国家，我的信念根深蒂固：访“预警机之父”王小谟[N/OL].光明日报，2019-02-11.http://m.gmw.cn/baijia/2019-02/11/32479679.html.
[80]孙灿.著名雷达工程专家王小谟:“要想把核心技术掌握在自己手里，必须从基础做起”[EB/OL].(2018-05-31).http://www.ccdi.gov.cn/yaowen/201805/t20180529_172747.html?spm=C78949.PgGpFusCBZPf.S62858.2.
[81]袁于飞，孙露文.我想为国家争一口气：记中国电子科学研究院王小谟院士[N/OL].光明日报，2014-08-05.https://epaper.gmw.cn/gmrb/html/2014-08/05/nw.D110000gmrb_20140805_5-01.htm.
[82]董碧娟.信念是最重要的事：记中国工程院院士、雷达专家王小谟[N/OL].经济日报，2014-08-05.http://paper.ce.cn/jjrb/html/2014-08/05/content_210921.htm.
[83]赵展慧.中国预警机之父王小谟：为战机装上千里眼[EB/OL].(2013-07-21).http://mil.huanqiu.com/article/9CaKrnJBqGb.
[84]詹媛.王泽山：只在意能否以所学壮大国防[N/OL].光明日报，2022-04-06.http://m.gmw.cn/baijia/2022-04/06/35637167.html.
[85]杨甜子.南理工王泽山院士：一生都瞄准了“火炸药”的靶心[EB/OL].(2022-02-10).http://baijiahao.baidu.com/s?id=1724389925185747873&wfr=spider&for=pc.
[86]杨萍，李润文.“80后院士”王泽山：一辈子只想做好一件事[N/OL].中国青年报，2017-03-24.http://zqb.cyol.com/html/2017-01/10/nw.D110000zgqnb_20170110_1-03.htm.
[87]潘毅.王泽山：硝烟中走出的“三冠王”院士[EB/OL].(2018-01-08).http://www.kepuchina.cn/yjjj/201801/t20180108_493243.shtml.
[88]杜芳.王泽山：人生八十壮志不老为国防贡献力量[EB/OL].(2018-01-08).http://www.kepuchina.cn/yjjj/201801/t20180108_493233.shtml.
[89]戚展宁.“火药王”王泽山[J/OL].南方人物周刊，2018(2)：7.http://www.nfpeople.com/article/7843.
[90]张艺开.哈尔滨工业大学教授、中国科学院院士、中国工程院院士刘永坦：“我这一

辈子，就做一件事”[N/OL]. 人民日报，2021-09-29.http://dangshi.people.com.cn/n1/2021/0929/c436975-32241242.html.
[91]杨思琪,胡喆 . 刘永坦:“从 0 到 1”,他为祖国海疆雷达打造“火眼金睛”[EB/OL].(2019-01-08).http://news.cctv.com/2019/01/08/ARTI1jQGxMLXXpwAy9TFsBCs190108.shtml.
[92]曹云珍 . 刘永坦：不破楼兰终不还 [J]. 东北之窗，2021(12)：44-45.
[93]吴晶，陈聪，屈婷，等 . 踏平坎坷成大道：记科学家刘永坦 [EB/OL].(2021-09-29).http://baijiahao.baidu.com/s?id=1712165128012972535&wfr=spider&for=pc.
[94]吉星 . 刘永坦：一辈子坚守初心：记国家最高科学技术奖获得者、“工信楷模”刘永坦院士 [J]. 中国科技奖励，2020(12)：20-23.
[95]李丽云 . 刘永坦：专注一生为祖国筑牢“海防长城”[N/OL]. 科技日报，2021-09-29.http://digitalpaper.stdaily.com/http_www.kjrb.com/kjrb/html/2021-09/29/content_522703.htm?div=-1.
[96]王建蒙 . 他为祖国的海疆装上了千里眼：刘永坦院士印象 [J]. 神剑，2020(1)：9-14.
[97]张雅文 . 为你而生：刘永坦传 [M]. 哈尔滨：黑龙江人民出版社，2021.
[98]张士英 . 心怀强国志 握好接力棒 [N/OL]. 光明日报，2021-07-13.https://news.gmw.cn/2021-07/13/content_34988760.htm.
[99]陈聪，屈婷 . 一生信仰，忠诚报国 [EB/OL].(2021-09-29).https://baijiahao.baidu.com/s?id=1712165238608364588&wfr=spider&for=pc.
[100]科技部 .2018 年度国家最高科学技术奖获奖人：刘永坦 [EB/OL].(2019-01-18).http://www.most.gov.cn/ztzl/gjkxjsjldh/jldh2018/jldh2018zgj/201901/t20190107_144595.html.
[101]余彦隆 .“铸盾先锋”钱七虎 [J]. 解放军生活，2019(4):34-37.
[102]李莉 . 毕生铸盾为报国：记国家最高科学技术奖获得者、中国工程院院士、陆军工程大学教授钱七虎 [J]. 中国科技奖励，2019(4):62-69.
[103]常理 . 大力弘扬践行科学家精神：访中国工程院院士、国家最高科学技术奖获得者钱七虎 [EB/OL].(2021-10-30).http://www.ce.cn/xwzx/gnsz/gdxw/202110/30/t20211030_37043586.shtml.
[104]孙明源 . 中国工程院院长谈钱七虎院士：淡泊名利是科学家精神的重要内核 [N/OL]. 科技日报，2021-07-15.http://digitalpaper.stdaily.com/http_www.kjrb.com/kjrb/html/2021-07/15/content_471819.htm?div=-1.

[105]《中国科学院院刊》编辑部，杨柳春，刘天星 . 钱七虎：科技强国是建设社会主义现代化强国的基础和核心 [J]. 中国科学院院刊，2019(5):581-585.
[106]何晶 . 钱七虎：铸就中国坚不可摧的“地下钢铁长城”[J]. 中国报道,2019(2):60-61.
[107]田晓冰 . 钱七虎：为国铸盾一甲子,育人传世五十年 [J]. 国际人才交流,2020(10):32-35.
[108]张盖伦 . 钱七虎：他们把生命都献给了党和国家，我还有什么不能贡献呢？ [EB/OL].(2021-07-30).http://www.stdaily.com/index/kejixinwen/202107/1175224.shtml.
[109]贺逸舒，云利孝 . 中国工程院院士、陆军工程大学教授钱七虎：为国铸盾一甲子 [N/OL]. 解放军报，2022-01-16.http://www.81.cn/yw/2022-01/16/content_10123681.htm.
[110]央视网 .2018 年度国家最高科技奖获奖者钱七虎：活着就要干大事 [EB/OL].(2019-03-17).http://tv.cctv.com/2019/03/17/VIDEk8c93Fy9IV1mHP3yyvc1190317.shtml.
[111]姜天骄 .2020 年度国家最高科学技术奖获得者顾诵芬：用一生践行航空报国 [EB/OL].(2021-11-04).http://www.ce.cn/xwzx/gnsz/gdxw/202111/04/t20211104_37057925.shtml.
[112]张聚恩 . 大师风范 蓝天情怀 顾诵芬院士科普二三事 [J]. 航空世界，2022(1):10-15.
[113]胡喆 . 顾诵芬：蓝天寄深情 为国铸“战鹰”[EB/OL].(2021-11-04).http://baijiahao.baidu.com/s?id=1715486821865057480&wfr=spider&for=pc.
[114]矫阳 . 国家最高科学技术奖获得者顾诵芬：志在蓝天尽飞翔 [EB/OL].(2021-11-04).http://www.stdaily.com/index/kejixinwen/2021-11/03/content_1229723.shtml.
[115]杨舒 . 顾诵芬：想对年轻人说 永远把国家放在第一位 [N/OL]. 光明日报，2021-11-04.https://news.gmw.cn/2021-11/04/content_35285180.htm.
[116]吴晓东 . 顾诵芬：心怀“国之大者”逐梦蓝天 70 载 [N/OL]. 中国青年报，2021-11-03.http://zqb.cyol.com/html/2021-11/04/nw.D110000zgqnb_20211104_2-02.htm.
[117]航空工业 . 顾诵芬：新中国飞机设计大师 [EB/OL].(2021-11-03).http://mp.weixin.qq.com/s/rvwLhfp85Cfu-PE02MQE9w.
[118]航空工业 . 顾诵芬：航空报国 [EB/OL].(2021-11-08).http://mp.weixin.qq.com/s/87t6sqEOhnvX9q4LU0uIHw.
[119]顾学文，尹思源 . 国家最高科学技术奖新晋得主顾诵芬院士，曾在“歼 8”定型那天喝了个大醉 [EB/OL].(2021-11-03).https://www.jfdaily.com/staticsg/res/html/web/

newsDetail.html?id=420724&sid=67.
[120]李苑 . 英雄不论出处 谁有本事谁就揭榜 [N/OL]. 光明日报，2022-03-06.http://m.gmw.cn/baijia/2022-03/06/35565889.html.
[121]祖一飞 . 国家最高科技奖得主顾诵芬：不愿被称“歼 -8 之父”[EB/OL].(2021-11-04).http://baijiahao.baidu.com/s?id=1715490661867959580&wfr=spider&for=pc.
[122]杨舒 . 顾诵芬：咏之骏烈 诵之清芬 [EB/OL].(2021-11-03).https://baijiahao.baidu.com/s?id=1715388400900137290&wfr=spider&for=pc.